图说世界名人

U0632892

《图说世界名人》编委会 编

# 海明威

## 美利坚民族的精神丰碑

**Haimingwei**

**Meilijian Minzu De**

**Jingshen Fengbei**

江西高校出版社

**图书在版编目（CIP）数据**

海明威：美利坚民族的精神丰碑/《图说世界名人》

编委会编.—南昌：江西高校出版社，2013.5（2015.1重印）

（图说世界名人/柳书琴主编）

ISBN 978-7-5493-1956-5

Ⅰ.①海…Ⅱ.①图…Ⅲ.①海明威，E.

(1899～1961)－传记－画册Ⅳ.①K837.125.6-64

中国版本图书馆CIP数据核字(2013)第095377号

| | | |
|---|---|---|
| 出版发行 | 江西高校出版社 | |
| 社 址 | 江西省南昌市洪都北大道96号 | |
| 邮政编码 | 330046 | |
| 编辑电话 | (0791)88170528 | |
| 销售电话 | (0791)88170198 | |
| 网 址 | www.juacp.com | |
| 印 刷 | 永清县晔盛亚胶印有限公司 | |
| 照 排 | 膳书堂文化 | |
| 经 销 | 各地新华书店 | |
| 开 本 | 690mm×960mm 1/16 | |
| 印 张 | 8 | |
| 字 数 | 120千字 | |
| 版 次 | 2015年1月第1版第3次印刷 | |
| 书 号 | ISBN 978-7-5493-1956-5 | |
| 定 价 | 23.80元 | |

赣版权登字-07-2013-245

海明威，1899年出生在美国芝加哥郊外橡树园镇，父亲酷爱打猎、钓鱼等户外活动，母亲喜爱文学。在他的一生中，受父母影响，打猎和写作几乎占据了他生活的大部分时间。

在写作和狩猎之外，参加第一次世界大战，是他最有名的事件之一。在意大利战场，一天夜里，他被炮弹击中，手术中共清理出炮弹片和机枪弹头230余块。他共做了13次手术，换上了一块白金做的膝盖骨。大战结束后，海明威被意大利政府授予十字军功奖章、银质奖章和勇敢奖章，获得中尉军衔。

作为20世纪最富于独创性的作家，海明威发明了"电报体"这种写作风格。"电报体"以对话简洁、精练著称。这要归功于他干过记者这一行当。在他所有著名的作品里，都可以感受到这种极具个人色彩的风格。这种风格还影响了世界上许多作家，特别是中国当代作家。

他另一个在文学上的贡献是提出了"冰山原则"。他在《午后之死》里说："冰山运动之所以雄伟壮观，是因为它只有八分之一在水面上……如果一位散文家对于他想写的东西心里很有数，那么他最好省略他所知道的东西；读者呢，只要作家写得真实，会强烈地感觉到他所省略的地方，好像作者写出来似的。"有人说，冰山原则是这样划分的：文字和形象是所谓的"八分之一"，而情感和思想是所谓的"八分之七"。

他的代表作是《老人与海》《太阳照样升起》《永别了，武器》《丧钟为谁而鸣》。他因《老人与海》获得1953年的普利策奖及1954年的诺贝尔文学奖。

# 目录

CONTENTS

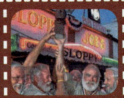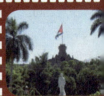

##  迷惘的一代

**33**

##  扬名文坛

**45**

##  战地生涯

**75**

## 辉煌与苦难

## 晚霞渐失

## 童年时代

海明威生于19世纪最后一年的7月21日，出生地是伊利诺伊州的橡树园。橡树园当年是一个村子，北面是大草原，西边流淌着长长的德斯·普莱茵斯河，唯独东面紧挨着大城市芝加哥。随着这座大城市的发展，橡树园也很快地发展起来。海明威出生的时候，村子里牛多、狗多、马更多。过了几年，马车被汽车所代替，在他五岁的时候，小小的橡树园已有30多辆汽车了。总之，那里的生活很快就现代化、城市化了。

在小镇的北橡树园大道上有两幢斜对面坐落的住宅，一幢是海明威的外祖父欧内斯特·米勒·霍尔的塔楼式三层楼房，另一幢是海明威的祖父安森·泰勒·海明威的白色楔形板式住宅。

海明威的祖父、外祖父都参加过南北战争，这是两个家族中的一段光荣历史。

祖父安森·泰勒·海明威于1862年参军当兵，1864年被林肯总统提升为中尉，并在密西西比州的纳齐兹为步兵团招募黑人部队。战后，安森在伊利诺伊州的维登学院学习，并担任了芝加哥基督教青年会的秘书长10年，成为美国基督教新教布道家德威特·穆迪的朋友。他是一个十分严肃的人，有强烈的宗教情感，积极参加戒酒运动，而且是第一公理会教堂的执事。但是他越来越感到挣的钱太少，

名人名言

人生来就不是为了被打败的，人能够被毁灭，但是不能够被打败。

——海明威

南北战争：1861年林肯就任总统，拥护奴隶制的南方11州退出联邦，另立杰斐逊为总统，组织新政府，同时禁止联邦军在南方驻扎。林肯总统下令，攻打这些叛军。1865年，以南方战败宣告战争结束。此战意义重大，不仅改变了美国的政治格局，还有利于经济发展，更大的意义在于废除了罪恶的奴隶制。

队伍中行进的雄姿。安森收藏有大量关于南北战争的报纸剪贴。这些都对童年时代的欧内斯特·海明威深有影响，他从小就爱读战争史，研究美国摄影家马修·布雷迪摄制的有关林肯总统及南北战争各战线的大量照片。

欧内斯特·海明威的外祖母卡洛林·汉科克·霍尔是一个富有诗意而精力旺盛的女人。她意志刚强，喜欢冒险，又具有艺术才华。在芝加哥大火的时候，她正怀着欧内斯特·海明威的母亲格雷丝。为了抢救她心爱的一件乐器，她不顾生命危险，冲进烈火和浓烟中，抢出了那件乐器。她在婚后的家庭中

※美国是海明威的祖国。图为美国白宫

于是就放弃教会的工作，在拉萨尔大街上开设了一家房地产公司。由于生意兴隆，终于为他人丁兴旺的家庭在北橡树园大道439号建造起一幢宽敞的住宅，而且将四个儿子和两个女儿全部送进了俄亥俄州的奥柏林学院学习。安森的生活也开始讲究起来，指甲和胡须都经过精心的修剪、修饰，用餐时使用刀叉也要显示出一副高雅的派头。但是他对有幸参加南北战争所感到的自豪和对基督教及其道德标准的信念始终未变。他反对享受、赌博、酗酒及不健康的东西。有了第三代以后，他特别喜欢给他们讲南北战争的故事，还在阵亡将士纪念日游行时让孩子们来看他穿着全身制服在

大权独揽，平静地支配着丈夫和两个孩子的生活。他们家虽然住在芝加哥附近，可是她喜欢到楠塔基特去度假。所以一到夏天，全家必去那里。

※维多利亚时代

欧内斯特·海明威的父亲克莱伦斯·爱德蒙兹·海明威和母亲格雷丝·厄内斯汀·霍尔就是分别在这样两个中产阶级家庭里长大的，他们各自的父母都是按照维多利亚时代的英国传统来教育他们的。他

们俩都在芝加哥长大，而且都相信自己是上流社会的成员。这是当时美国中西部广大中产阶级的通病。他们为自己对教会传教工作和美术的兴趣而感到骄傲。他们还积极参加各项社会活动：如帮助建立自然研究团体，参加新教团体的各项活动，帮助其在全世界传播福音等。

克莱伦斯是家里的老大，人们习惯于称他为爱德。他的兴趣广泛，爱好收集铜币、邮票和波多瓦多米印第安人用的箭头。上高中的时候，下了课后他就研究摄影，玩橄榄球，但是真正的爱好是大自然。他制作小型动物和禽鸟标本，竟然喜欢把蛇密封在盛有酒精的玻璃瓶里。此外，他还在钓鱼和打猎中找到了无穷的乐趣。有一年夏天，他来到南卡罗来纳州的苏族印第安人那里，和他们一起度过了三个月的时光，获得了许多自然知识，并且很欣赏印第安人的生活方式。还有一年夏天，他和同伴们一起来到北卡罗来纳州的山区游览，他甚至利用简单的炊具，为同伴们做出了美味的馅饼，受到同伴们的好评。

欧内斯特·海明威父母的关系可以说是青梅竹马。霍尔一家刚搬到海明威家斜对面的新房子不久，年仅15岁的爱德就注意到那一家人

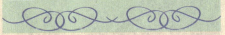

**知识链接**

印第安人相信巫术，敬畏大自然的一切事物。他们英勇善战，捕捉野兽为食。如今仍然生活在人迹罕至的乡村，生活习惯充满原始色彩。比如做饭，他们的锅用陶器做成，碗用石头做成，勺子用木头做成；生病时，采集草药熬汤治疗，或者用草药烟熏、沐浴，以达到治疗效果。他们的服饰讲究宽松，女子戴野花，男子戴草帽，鞋子是用草编的。房子就是在平地上用树枝和棕榈叶或者野兽的毛皮搭建而成。

里有一个与自己年龄相仿的女孩，名叫格雷丝，由于她一头栗色的秀发，浅蓝色的眼睛，洁白的皮肤，所以格外惹人注意。他们俩都在橡树园中学读书，既是同学，又是邻居，这为他们提供了许多接近的机会。

婚后，克莱伦斯和格雷丝把新家安顿在女方家里，和丧偶的老霍尔住在一起，继续生活在橡树园镇这个熟悉的环境里。据说，欧内斯特·海明威一直说他讨厌橡树园镇，不止一次地想逃离这地方。但是他生在这里，长在这里，一生中

接受教育的最重要的日子是在这里度过的。这是他无法改变的事实。他身上有着橡树园给他打上的很深的烙印。

欧内斯特非常爱他的爸爸，因为他爸爸也很爱他，无论外出打猎还是钓鱼都把他带上。除了训练他的胆识和勇气，还手把手教他垂钓和射击。小家伙才三岁，他爸爸就给他专门买了一根钓鱼竿，后来又给他买过一支一人高的猎枪。

他喜欢妈妈吗？应该说喜欢，可是她的清规戒律太多，对他要求太严，经常叫他做他不想做的事。

爸爸还带他到稍远一些的森林里去看过印第安人的帐篷。他看到那里的男孩和女孩在学狩猎、织布、缝

衣、做饭和寻找草根、草药的本领。这是一种简朴、勇敢而纯洁的生活。小小的海明威就感到这种生活比橡树园的生活有意思得多。

有一次，小海明威突然感到一阵尿急，急急忙忙放下手中的鞋，解开裤子，对着一棵粗粗的树干就撒起尿来。

爸爸走了一阵，猛然感到儿子没在身后，喊叫也没人答应。

这时小海明威手拎着裤子，正呆呆地看着不远的地上。恐惧和好奇紧紧攫住了他，使他忘记了一切。

他正在看一条蛇和一只蜥蜴搏斗呢。

这画面深深地嵌进了小海明威的脑海。他初次懂得了弱肉强食的道理。

※印第安人的帐篷

# 少年时代

**在**欧内斯特·海明威早年的成长中，有几种兴趣爱好和向往是很突出的。一种是对航海与出游的向往。他喜欢看一套《小小旅行》的系列丛书，书中介绍的欧洲各国如法国、德国、瑞典、丹麦、荷兰、比利时等使他十分向往。1909年过圣诞节时，他得到的礼物中有一本笛福的《鲁滨孙漂流记》。主人公在荒岛上顽强生活了28年，不但没有被大自然吞没，反而战胜了大自然，把荒岛变成了自己的独立王国。这种不屈不挠地同自然搏斗的精神不难使人联想到海明威后来笔下所写的桑提亚哥老人。1910年8月，小海明威一生中第一次作长途旅行，随母亲去马萨诸塞州科德角以南的一个大西洋岛屿——楠塔基特。这是小海明威一生中初次见到大海，他非常兴奋，每天都要到海里游泳，还捕捉各种鱼类，如鲭鱼、旗鱼、鲈鱼等。周末他还到中心街的一座教堂里去听母亲在唱诗班中的歌唱。小海明威回家时专门带了一个剑鱼的鱼鳍，准备送给阿卡西自然学习小组作为标本。1911年夏天，小海明威的叔叔韦劳毕·海明威夫妇从中国回来，到小海明威家（在沃尔顿湖的温德米尔别墅）做客。海明威对叔叔讲述的有关中国的种种见闻产生了强烈的好奇心。对于小海明威来说，中国是一个古老而神秘的国家，有许多事情都使他感到不可思议。

也许这种从小培养起来的对中国的兴趣，驱使他后来在他第三任妻子玛莎的极力劝说之下同意前往中国。

海明威还有一种突出的兴趣是对自然与打猎的爱好，这主要是他父亲培养起来的。待他长大到确实可以安全使用猎枪的时候，他祖父安森送给他一支0.2口径的长管猎枪作为他12岁的生日礼物。这下子他可以用自己的猎枪跟父亲去打猎了。他们来到一个农场，父亲让他打鸽子，试一试他那支刚得到不久的猎枪。尽管鸽子飞来飞去，作为移动目标很不好打，但是海明威还是很快打下来好几只。他提着打下来的鸽子往回走，一些大孩子甚至不相信这是他打下来的。海明威喜欢到森林里去，那里不仅有他狩猎的对象，而且有他顽强锻炼自己各种生活能力的广阔场所。在大自然中有一种自由的力量驱使着他去追求，去拼搏，也使他的思路更加开阔。狩猎成为他终生的爱好。

海明威从小就很有艺术细胞，只是他唱歌跟他父亲一样，老爱走调，在声乐方面实在有点辜负母亲教授的声乐课，而乐器方面也没有达到母亲的期望。他母亲坚持要他上大提琴课，并要他加入家庭室内乐团，可他自认为在这种乐器上毫无才华，就是练100年也当不了大提琴手。不过海明威自己也承认，正是由于他学习了音乐技巧，所以他在成为作家时受益匪浅。海明威的艺术细胞更主要体现在他对一切事物都喜欢加上一些戏剧色彩的嗜好上，他编造故事的能力特别强。对于自己生活中的所见所闻，他能信手拈来，创作出一些虽然稚气，但是预示着他未来成就的小作品。不过，他的艺术细胞甚至使他对自己生平经历的叙述也带有不少水分。

14岁的海明威又迷上了拳击。他平时说起拳击来，谈得头头是道。

这一年，欧内斯特进了橡树园高级中学。一天，教室里的几个同

## 知识链接

拳击是一项在拳击手套的保护下进行格斗的运动，分业余比赛和职业的商业比赛。比赛的目的，就是要比对手获得更多的分，快速击倒对手而结束进攻。与此同时，比赛者要努力避开对方的打击。由于拳击比赛危险，因此被称为"勇敢者的运动"。有关拳击的生动记载早在古希腊和罗马时代就已出现。

※年轻时的海明威

学争相传阅一张报纸。好奇心驱使
他也去抢过来阅读，原来那是拳击
训练班的招生广告！这正合他意。

　　回到家里，他偷偷把父亲叫到
一边。

　　"爸爸，我想去学拳击。"他
对父亲说。

　　他知道母亲是不会让他去的，
所以他只好求助于父亲。

要是海明威特要求去学小提琴或其他乐器或唱歌，他母亲决不会阻拦他。她一定会毫不犹豫就同意他去的。

可是，海明威偏不喜欢搞音乐。他喜欢的就是拳击的这种刺激和危险，在他看来这才叫够味儿。

经过无数次求情、争执、磋商，当母亲的终于拗不过儿子，只好答应了。

第一堂拳击课上，教练给他安排了一个中量级拳击手，名叫杨·奥赫恩。

教练把海明威带到奥赫恩面前，对后者说：

"他第一次来，手下留情些。"

奥赫恩是中量级拳击手中的佼佼者，当然不把初出茅庐的海明威放在眼里。他鄙视地瞧了瞧面前这个块头虽大却乳臭未干的毛头小家伙，答应对他手下留情。

海明威一上场就较上了劲，对准拳击手就是一阵猛冲猛打，打得拳击手火起，把当初的诺言全抛到脑后。

奥赫恩对准海明威一连串左右开弓，海明威的头被打得像个练拳用的橡胶串球，左摇右晃。海明威竭力挺直身子，挥动双拳乱扑乱打。他看不见对方，但是他知道对方一定在他的对面跳跃腾挪。

突然间，他看清了，忙照着对方下巴一拳打去。拳击手像赶苍蝇似的挡开了他的拳头。

他又向前进了两步，挥拳出击，不料又扑了个空。

奥赫恩身子一转，人不知去向。

待到他重又出现时，海明威只觉得颌骨上重重挨了一下，腿一软，跌了下去。与此同时，对方又以迅雷不及掩耳之势，给了他头上狠狠一拳。

不到片刻工夫，便见海明威被打得鼻青脸肿，威风扫地，躺在地板上动弹不得。

这第一堂拳击课差点就成了他的最后一课，但他是个不服输的角色，无论如何他还要再比试比试。

第二天，海明威的鼻子贴了纱布，眼睛底下又红又肿，但他又去了拳击场。

许多和他一起报名学拳击的同学纷纷自动退了学。他们吃不了那份苦。

海明威却一直坚持下去。他是不会轻易打退堂鼓的。

一个月过去了。

两个月过去了。

30个月过去了。海明威的姓氏开始叫响。

欧文·斯通（1903—1989），美国传记作家，生于加利福尼亚。他的写作生涯是从写剧本开始的，后来转向人物传记小说的创作。他一生写了二十五部传记小说，其中最有名的是《梵高传——对生活的渴求》（1934）。他还为杰克·伦敦、米开朗基罗、弗洛伊德、达尔文等历史文化名人写过传，在欧美各国很有影响。

海明威仍然在拳击场上苦练。他的身上常常是青一块、紫一块，有划破的血口，也有肿起的伤痕。

有一次，他的头部挨了狠狠一拳，一只眼睛给打坏了，连医生都担心这会危及另一只眼睛。

他母亲为此大发雷霆，哭哭啼啼，吵吵闹闹，生怕打坏了她的宝贝儿子。

可是海明威满不在乎，他并没有因此放弃。恰恰相反，每次被打翻在地，他总会尽快跃起身来，准备再次冲锋。

他觉得学拳击受益匪浅。"拳击教会我决不能倒下不起，要随时准备再次出击……要像斗牛场上的公牛那样又快又狠地冲。"

海明威的童年和少年生活很寻常，也很单纯。1934年，传记小说作家欧文·斯通曾经问过他，为什么不写关于美国生活的小说。海明威回答说："美国的生活太单调，从不发生重要的事情。"这一点对于橡树园来说是千真万确的。像那样富庶的中产阶级的居住区，生活稳定而又单调，社交、习俗刻板统一，一切都规规矩矩，固定不变，很少有什么新鲜事儿，不可能给一个有独创性的作家留下深刻的印象。难怪在他后来的创作中没有出现过培育他长大成人的橡树园，倒是密执安北部的湖滩和林地、鸵鸟和鱼虫常常成为尼克系列故事的背景。从那些故事里，我们看得见海明威童年和少年时代的影子。

※与大自然的亲密接触对于海明威创造性的发展有很大帮助，因此鸵鸟、鱼、树林等常常成为尼克故事系列的背景

# 见习记者

海明威中学毕业后，面临三种选择：考大学、入伍和找工作。他父亲希望他上大学，但他不想上。他想入伍去欧洲打仗。第一次世界大战爆发于1914年，美国是1917年4月对德宣战的。宣战之后，美国青年在战争宣传的煽动下摩拳擦掌，个个想上战场过一过"紧张的生活"，海明威也不例外。

※1939年的海明威

名人名言

每个人都不是一座孤岛，一个人必须是这世界上最坚固的岛屿，然后才能成为大陆的一部分。

——海明威

第一次世界大战：1914年6月28日，奥匈帝国皇储弗兰茨·斐迪南为了向塞尔维亚炫耀武力，就到波斯尼亚检阅部队，却在萨拉热窝遇刺。这一事件成为第一次世界大战的导火线。7月28日，奥匈帝国对塞尔维亚宣战。俄国为支持塞尔维亚，于7月30日宣布军事总动员。8月1日，德国对俄宣战。8月3日，德国对法宣战。8月4日英国对德国宣战。大战由此全面展开，波及全世界，当时世界上大多数国家都卷入了这场战争。1918年11月11日战争结束。

但是他父亲坚决反对他去当兵，理由是他年龄太小。加上海明威左眼有毛病，他自己也怕无法通过体检，于是，只剩下找工作这一条路。

海明威有一个名叫泰勒的叔叔在堪萨斯州的堪萨斯城经商，又有一个同学在《堪萨斯城星报》工作，他通过这些关系进了这家报馆当见习记者。报馆分给他的任务是采访市内有关社会治安方面的新闻，周薪15美元。他坐着救护车或者救火车前往出事现场，出席法院开庭审判，然后根据自己的见闻写成报道。凡是与暴力和灾祸有关的事情，海明威总是先去现场调查之后才写。

对于海明威来说，在《堪萨斯城星报》的半年中，主要收获不在于发表了多少篇报道，而在于受到了初步的文字训练。《堪萨斯城星报》在当时的中西部是数得上的好报纸。每个记者要记住"文体要求"，主要是这么几条："要写短句，第一段要短。""用陈述句，叙述要有趣味。""不用陈旧的形容词。""用生动有力的英语，又要顺畅。""正面说，不要反面说。"据海明威回忆，用俚语也有规定："不许使用过时的俚语"，"用俚语必须是新的——崭新的，看了叫人耳目一新的"。

乖乖，规定还真不少，关于如何写新闻报道的要求，竟足足有110条！

海明威懵了，怵了。他没想到搞新闻报道还有那么多框框套套。好吧，试试就试试吧。他就不信这个邪。

于是，他一头扎进工作中去。哪里出了凶杀案，他就主动乘救护车赶到现场去实地观察；法院开庭审判，他总是坐在前排的位子上。什么车祸也好，火灾也好，自杀也好，凡是与行动、暴力和灾祸有关

※**海明威用过的打字机**

的事情，他总要先赶到现场去取得第一手资料，然后才坐在打字机前写稿。

他尽量遵循报社的规定去办，写稿力求简洁，但是删去不必要的形容词并不等于不能用形容词，他认为必要的形容词还是得用上，否则那文章不就太干巴了么？而且报道完事件，写点评论也是很自然的事。

可是威灵顿这老头又找上他了。老头把他叫进办公室，关上门狠狠训了他一顿。

他心里很不是滋味，但没法为自己辩解。他佩服这个老头，后来越来越佩服他了。他成了海明威心

目中最出色的高手。在海明威眼里称得上高手的人不多，可他心里一直都很感激这个严厉的威灵顿。是他的这种严格要求，为海明威最终锻炼出自己独特的文体开创了一个良好的开端。

海明威在《星报》工作的这段时间里，欧洲的战争已经进入最后阶段，他向往着去参战，深感如果再不抓紧，可能就要失去机会。不久前他看过一部最新的小说《黑森林》，作者因视力不好而未能如自己的意愿加入英国军队，但是他参加了俄国红十字会来到战场上。作品中的主人公也像作者一样加入了俄国红十字会，来到战场上做救援工作，并在工作中爱上了一名护士。这部小说使海明威萌生了当救护人员上战场的想法。好朋友布朗巴克在法国开救护车的经历，更是激发起海明威上战场开救护车的兴趣。于是两个年轻人说好一起申请加入美国红十字会，到欧洲去开救护车。他们于1918年1月正式向红十字会提出申请。4月份接到通知，让他们5月8日到纽约接受体检，如果体检合格，他们便将被任命为陆军少尉，前往意大利参加野战救护队。他们于4月底从《星报》领取了最后一个月的工资，坐上了东去的列车。

# 初上战场

海明威在纽约通过了体检，虽然他的近视眼令医生不十分满意。医生建议他配一副眼镜戴上，可他不以为然。只要体检通过，别的他就管不了那么多了。他领到了向往已久的少尉军服，便穿戴整齐，佩上军衔标志和红十字徽章，洋洋得意地行走在纽约百老汇大街上。为了和这身军服相配，他还花30元买了一双高级的西班牙皮靴，这差不多是他口袋里财产的八分之一。他还穿着这身漂亮的军服，于5月18日走在志愿者游行队伍的前列，接受了威尔逊总统的检阅。

海明威和布朗巴克于5月23日坐上一艘法国轮船"芝加哥"号，出发前往法国的波尔多港。一路上尽管人们很担心会碰上德国潜艇的袭击，但海明威对能碰上德国潜艇显得很兴奋。不过事实上途中

※ 海明威在西班牙的房子，现为海明威博物馆

并没有发生什么重大的事情。他们到达巴黎时，巴黎正遭到德军远程大炮"大贝尔塔"的炮击。人们都躲到空气浑浊的防弹掩体里去了，可是海明威不安分，非让出租车司机带他和布朗巴克到炮弹落下的地方去。由于他们答应多付车钱，司机倒也不怕冒生命危险，驾车带他们穿行了巴黎的大街小巷，一个小时以后终于看到炮弹的爆炸，炸去了玛德莱纳教堂正面墙上的一大块石头。他们很想给《星报》拍个电报回去，报道一下巴黎受炮击的情况。

在巴黎待了两天之后，他们俩和一百多名红十字会的志愿人员于6月初坐车前往意大利的米兰。在他们到达的那天，附近伦巴第乡村的一个军火工厂发生爆炸。海明威被命令去搬运那些炸得血肉模糊的尸体。

两天以后，海明威被派往驻在加尔达湖东边斯基奥地方的一个救护车队。他的任务是驾驶一辆"塌鼻子"的"菲亚特"牌救护车，把受伤的士兵送到一个隐蔽在山里的救护所。伤兵们先在这里得到抢救，然后再设法送到后方的医院去。这时海明威遇到了后来成为他好朋友的多斯·帕索斯。多斯·帕索斯当时也在为一家医院开救护

车，后来成为美国的著名作家。可是他们俩的这一次见面，互相都没有记住对方的姓名，后来在20世纪20年代的法国成为朋友时，多斯·帕索斯很肯定地记起自己曾在那次战场上的相遇中同海明威交谈过两个多小时。海明威见他说得那么肯定，似乎也想起他们确曾见过面。

欧内斯特·海明威在那里干了不久之后就感到不能满足了。他觉得自己离真正的战斗还是太远，想更加接近同奥地利人的战斗。于是他自愿到意大利东北部的皮亚韦前线去开红十字会的流动餐车，把巧克力、香烟等送到壕沟里的士兵和伤员手中。

一天夜里，海明威分发巧克力的时候，一把抓过身旁那个意大利

## 知识链接

多斯·帕索斯(1896—1970)，美国小说家、艺术家。主要作品有《三个士兵》《美国三部曲》等。他生于芝加哥，父亲是律师，家庭富裕。1916年，帕索斯毕业于哈佛大学，去西班牙学习建筑，不久参加第一次世界大战，先后服役于法国战地医疗队和美军医疗队。

士兵的步枪，对着奥军前沿阵地嗒嗒嗒一阵猛射。这突如其来的枪声惊动了宿营的敌人，机枪、大炮猛轰过来。几秒钟后，便见一名意大利士兵跌进了铁丝网拦住的真空地带。那个地方光秃秃的没有一丝遮拦，还尽是稀泥巴。

眼看受伤的意大利士兵危在旦夕，海明威想也没想便奋不顾身地冲了上去，想把他拖进战壕。就在这时，忽然轰隆一声巨响，又一阵弹片如暴雨般迸射开来。

一个意大利士兵给炸死了，还有一个被炸断了双腿，另一个的整个脸部全被削掉了。

海明威从震荡中清醒过来，甩了甩头，继续艰难地在夜幕里向前爬去。

在离意军150码（1码=0.9144米）远的地方，海明威终于找到了那个士兵。士兵虽已不省人事，但还没有断气。海明威艰难地把伤员背在背上，便踏着污秽的血泊，时而匍匐前进，时而蹒跚而行，朝意军前沿走来。

又是一阵炮击。巨大的炮弹在爆炸，细碎而致命的弹片密如骤雨。射来的炮弹大都打在意军右侧30英尺开外的地方，但那四处迸射的弹片却像尖钉一样把人钉在地上动弹不得。

刹那间，海明威觉得，这下完了。他感到他的灵魂或者别的什么东西正从躯体里往外逸出，单是震荡就几乎要了他的命。

灵魂飘荡了一圈又转了回来，他又活过来了。

他的两条腿软得像面条似的，提不起劲来。身上有点痛，但主要是麻木，这让他恼怒，但也唤起了信心。他似醒非醒，眼睛发黑，全凭着本能穿过泥塘朝前爬，在炮弹雷鸣般的呼啸中朝前爬。

他的脑海里爆发出绿色和白色的火星，很像喝醉酒时倒在床上昏昏欲睡的情景。

在海明威觉得自己瘫了、死了，但又活过来的过程中，实际上他仍在前进，他仍像个蜗牛似的在向安全地带爬行。

他浑身火烧似的疼痛，背上的伤员在不断呻吟，这就使他走得更加缓慢。他是在沼泽中一点一点朝前移。

背上的伤员突然尖叫一声，瘫软在背上。这一声响亮的尖叫惊动了敌军。几道直射的光束在搜寻那个背伤员的人，搜寻那个浑身泥浆血污的人。探照灯光集中在意军阵地上。

海明威继续奋力爬行。

他的肌肉痉挛了。

※在第一次大战结束之后，海明威被意大利政府授予了英勇作战的银质奖章，与此相伴的是他身体上的伤痛。图为意大利风光

他的呼吸困难了。

他的脑海里只有一个念头：爬回阵地，爬回阵地，那就是目标。

几码的距离变成几英尺，几英尺又缩短为几英寸。他终于快到目的地了。

探照灯又一次照亮了战场。刹那间敌人停止了射击。

后来，一个奥军军官说，他们看见一个人背着伤员朝红十字会营帐爬去。他们敬佩这人的勇气，不忍心打出那致命的一枪。

这正是海明威需要的一瞬间。很快，他就到达树林和小山背后。这个受尽磨难的勇士和他的行踪被树林和小山遮没了。

紧接着，枪声再次响起。机关枪朝黑暗中一个劲扫射。不过海明威已进入安全地带。

他终于到达目的地。

意大利士兵搀他进入战壕，小心翼翼地从他背上抬下那个早已没气了的伤员。

海明威一个跟头倒在地上，不省人事。

待到他再次醒来，已经在两英里以外的野战医院里。

军医们看见这个满身都是枪眼的伤员直摇头。活下来的希望微乎其微，就是活过来，也必定是个废人。

在米兰的军医院里，海明威继续在生与死的漩涡中挣扎。

军医们又给他做了一次手术，然后是第三次，第四次……总共做了13次，先后取出227块弹片和子弹头。另外还有十来片实在没有办法，只好任其留在体内，一直到死。

军医们感到庆幸的是，这个浑身布满了枪眼的伤员竟奇迹般活了下来。

但是他的左腿伤得太厉害了，膝盖骨被打得粉碎。

有几位医生建议把腿锯掉。

海明威气得咬牙切齿，坚决不干。

"不！我宁愿死也不锯腿！死我不在乎，但我不能一辈子挂着拐杖走路！"

让军医们感到吃惊的是，这个一直在死亡线上挣扎的小伙子居然像艾森豪威尔将军那样恢复了健康，并且照样用两条腿走路。所不同的是，被打碎的膝盖骨换成了白金做的。

鉴于欧内斯特·海明威在战场上的勇敢表现，意大利政府决定给他颁发英勇作战银质勋章。

海明威这次受伤，虽然是一次不幸，但好在并没有造成什么伤残的后果，而且他从中受益匪浅。他在受伤前只是在战场上做着很平凡的工作，并没有参加真正的战斗，可他受伤后却成了英雄，得了勋章，芝加哥各家报纸都在显要位置上登了他的消息。后来他回到家乡后又被当做一个真正的战士来进行宣传，受到广泛的尊敬。尤其是他这一次如此接近死神，为他后来的创作提供了极好的素材。他说过，是拿破仑教会了司汤达如何写作，也就是说，只有像参加过拿破仑军队南征北战的司汤达那样的作家才能写出好的作品。海明威后来在写作上的成功不能不说同这第一次战场经历有着密切关系。

# 初坠情网

海明威所住的基地医院是在米兰大教堂附近的阿历山德罗·曼佐尼街19号。

海明威住进医院后，很快就和护士小姐们混熟了。其中有一名中年护士埃尔西·麦克唐纳和三名年轻护士：露丝·布洛克、西施卡维和格尼丝·冯·库罗斯基。个子矮矮的麦克唐纳自海明威一来到医院的时候起，就忙着照料他，还开玩笑地称他为"打坏了的玩具娃娃"。她就像母亲一样，海明威很尊敬她，尽管经常和她开玩笑。她甚至还为他开了"后门"，对他违反院规在病房里私藏法国白兰地酒的做法睁一只眼闭一只眼。至于那三名年轻护士，海明威不大喜欢露丝·布洛克，很欣赏西施卡维，但对格尼丝产生了一种特殊的感情，很快他就坠入了情网。

格尼丝这时候26岁，而海明威刚住进医院不久才过了19岁生日。尽管有年龄上的差异，但格尼丝超凡脱俗、欢快明朗的性格和美丽的容貌却牢牢地吸引着海明威。格尼丝出生在宾夕法尼亚州的杰曼敦，父亲是德国人，母亲是一位美国将军的女儿。格尼丝在去纽约的贝利乌医院受训当护士以前曾在华盛顿当专业图书管理员，她会说一口流利的法语。1918年1月，她申请加入美国红十字会救护队，6月被派往欧洲。海明威入院前，她刚来到这所新开的医院，才比海明威早了一个星期。在来意大利以前，她曾在纽约和一个医生订过婚。

医生给海明威做了两次手术，把他腿部和脚部大部分残留弹片取了出来。手术后他恢复得很快，先是坐在轮椅上，让人推着走，后来就可以自己拄着拐杖走路，然后又改换手杖。格尼丝经常陪着他散步，照料他。他们一起去参观米兰大教堂，到拉斯卡拉歌剧院听歌剧，在柯瓦咖啡馆喝咖啡，漫步在有玻璃顶篷的风雨街廊，坐敞篷车游览市区，去圣西罗看赛马。到了8月中旬，两人已经处于热恋之中。当时格尼丝经常值夜班，常到海明威的病房里来，甚至在别的病人上

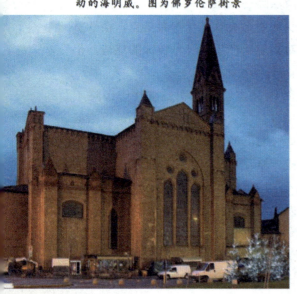

※格尼丝的佛罗伦萨之行，考验着情思萌动的海明威。图为佛罗伦萨街景

床睡觉以后专门到海明威房里和他待上一会儿。后来格尼丝在10月被调往佛罗伦萨工作，12月又调到特雷维索。这段时间她几乎天天给海明威写信，信中充满深情。她说她想念他、爱他，做梦也梦见他。海明威有幸成为极少数几个能亲昵地称她为"阿格"的人之一，但她显然清楚地意识到她和他之间的年龄差异，管他叫"娃娃"，既有调情的意思，又是对年龄差异的一种提醒。可是海明威似乎并不在乎年龄差异，高兴地称她为"娃娃夫人"。

格尼丝要调往佛罗伦萨的时候，海明威刚去马焦雷湖度了10天假回来。他穿着一件裁剪得很合身的马裤呢外套，精神抖擞，在走廊上就拥抱她，犹如久别重逢一般。可是格尼丝告诉他的是一个他一直担心有一天会到来的坏消息，他一下子像是从天上掉到了地狱。离别前的晚上，他们在医院图书馆里话别。两人像是有诉不完的衷肠，想把自己对对方的感情倾吐出来。第二天，海明威送格尼丝登上了一列南去的列车。

海明威决定重返前线，他的申请得到了批准。当时意大利军队正准备击溃奥地利军队，在维多利奥·维奈托战役中赢得战争。海

明威希望自己能参加这次战役，挂着手杖上了一辆救护车开往前线。这时意大利军队的炮火正猛烈地轰击着奥军阵地，火光冲天，在晚上尤其壮观。可是这时候的海明威却感觉异样地难受，而且发现自己眼白和皮肤发黄，原来他得了急性黄疸，只好马上返回到米兰的医院。格尼丝知道后立即给他写信："你真是可怜，得了病，我却不能在你身边照料。"

这次得急性黄疸对海明威来说并不很糟。急性黄疸来势很猛，可是只要休息得好，康复起来也很快。不到10天时间，海明威就可以到街上散步了。11月3日，他来到军官俱乐部看报。一位女招待过来兴奋地告诉他，战争结束了，意大利和奥地利两国政府已签署了停战协定。坐在他旁边的一位英国少校立即和他一起互相举杯祝贺。这位英国少校的名字叫爱德华·多尔曼·史密斯，人称钦克，从此两人成为好朋友，无话不谈。海明威因为有强烈的自尊心和虚荣心，在这位领兵打仗的少校面前，为自己只是在战场分发香烟和巧克力的红十字会工作人员而感到惭愧，所以就信口对少校吹嘘自己是在格拉帕山指挥阿尔迪蒂突击队的时候受了重伤，现在住在米兰的一所医院

里。不管多尔曼·史密斯信不信海明威的话，他却没有流露出任何怀疑的表情，也没有提任何有可能戳穿海明威谎言的问题。这当然使海明威很高兴，很快就发展了同这个比他大四岁的年轻人的友谊。多尔曼·史密斯思维敏捷，谈吐幽默，很有英国绅士派头，这更使海明威十分仰慕。于是他们的交往频繁起来，经常一起在俱乐部进餐，到酒吧喝酒，或者同去观看歌剧。尤其是同这位比他年长的年轻人谈话，海明威感到很有收获。

11月中旬，格尼丝回到米兰和海明威度过了短短的一周时间。由于格尼丝是带着一个护士助手一起来的，所以和海明威单独在一起的时间就很少。

海明威最后一次见到格尼丝是

12月9日在特雷维索。在此之前，海明威曾在信中暗示可能要到特雷维索看她，格尼丝翘首盼望着。当他们终于见面的时候，格尼丝却觉得海明威很粗暴无礼。她劝他回美国去，暗示一两年以后再考虑结婚的问题。

圣诞节格尼丝没有和他在一起，虽然她在信中一再表白她爱他，企盼着他的拥抱，但是海明威似乎已经预感到他们的爱情不会有什么结果。他怀着惆怅的心情于1919年1月回国。他担心格尼丝会离他而去，于是拼命给她写信，信越写越多、越写越长。可是格尼丝3月1日的来信却给他当头泼了一瓢冷水。她让他不要写那么多信了，她说她在医院里工作很忙，应付不了那些信。实际上，这时候格尼丝已经爱上了一个意大利中尉，一个那堪不勒斯公爵的继承人。她在这封信里虽然没有向海明威说出实情，但是像海明威这样敏感的人是肯定能感觉出来的，而且不到一个月，她终于向海明威摊牌了。

尽管格尼丝和海明威之间的恋情并没有维持多久，但她毕竟是使海明威初入情网的女人。她给海明威造成的感情伤害永远留在了海明威内心，影响了他日后对自己所爱的女人的行为方式，而且作为小说人物凯瑟琳的原型进入了海明威的著名小说《永别了，武器》。

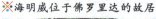
※海明威位于佛罗里达的故居

# 特写作家

**海**明威从欧洲归来了。1919年1月4日，海明威从热那亚港出发，经过一路上风浪的颠簸和中途的几天逗留，终于在1月21日抵达纽约港。听说他的到来，《纽约太阳报》的记者闻风而动，马上找到他，并在报上报道了采访他的消息。由于他是第一个在意大利受伤的美国人，他身上曾有过那么多弹片碎块，留下了那么多伤疤，他本人又长得那么帅，所以他一下子成了新闻界的名人和女孩子崇拜的偶像。他的种种经历和行踪被详细登载在《堪萨斯城星报》和《芝加哥美国人报》以及他家乡的报纸《橡树叶》上。海明威还被中学请去作报告，他穿上他的制服，一边作报告，一边把他从战场上带回来的东西展示给那些热心的中学生听众看，尤其是他那条筛子般布满弹孔、血迹斑斑的裤子。他的报告作得十分成功，打动了在场所有人的心。后来他还在别的地方专门给一群女孩子作报告，以同样的方法赢得了她们的心。

尽管年纪轻轻的海明威比起他的同龄人享有了不小的名气，而且比起他在战场上分发香烟、巧克力那样一些微不足道的事情来，他获得的荣誉和受到的尊敬可以说是远远在他的意料之外，但是自从父亲和姐姐玛塞利娜在火车站把从欧洲归来的他接回家以后，人们慢慢发现他的情绪低沉下来，尤其是在收到格尼丝使他幻想破灭的信之后。他成天无所事事，早上躺在床上不起来，心情特别糟糕时，甚至整天不起床，让他姐姐把饭端到他床跟前。由于他受伤获得了1400美元的保险赔偿金，他可以整整一年不用工作挣钱，他想利用这段时间静下心来好好休息一下，调整好自己的身心。可是正因为没有许多事做，他又难以调整好自己。尤其是当他听到别人在议论一个跛子，而他最终明白这个跛子就是他自己时，他的痛苦是难以忍受的："我受了极其严重的伤害，在身体上，心灵上，精神上，以及道义上……"他还借酒消愁，有一次甚至一下子喝了15杯马提尼酒、3杯加香槟的威士忌，以及无数杯香槟

酒，最后是烂醉如泥，不省人事。

当然，在这段时间里他经常在图书馆或自己家的前廊上读书、思考问题。他也始终保持着写作的兴趣，但他在这段时间里写的作品显然不够成熟，带有明显模仿通俗杂志上的作品的倾向。所以他投出去的稿件又统统附上退稿单回到他的手上。这对他精神上的打击太大了，一个作家总希望自己的作品能够发表，能够拥有读者，即使他很清楚自己的作品不够令人满意，但是收到退稿单时的那种滋味总是不那么好受。所以在创作上没有如海明威所急于求成的那样很快被人接受，也是海明威这一段时间比较消沉的原因之一。

海明威的家里希望他能上大学，但是他并没有这种打算。1919年夏天，海明威到沃尔顿湖和沃尔顿湖附近的霍顿湾避暑，除了写他的小说以外，他把时间全部消磨在钓鱼和与朋友到野外露营上。

10月初，海明威和朋友结束了野营生活，但回到橡树园后他又感到在家里将会一事无成。于是不久又返回密执安，来到北部的皮托斯基，住进了州大街602号波特夫人出租的房间里。那里离密执安湖仅几个街区之遥。他在那里努力写作，每天早晨从他的房间里都会传出清脆的打字声。他会一直埋头写作到

中午，吃完中午饭后又继续写作。为了支付房租，他还得花点时间去铲沙砾，挣点小钱。

在这里海明威接受了康纳博尔先生的要求——为他儿子小拉尔夫补习功课。他在这里的工作其实十分简单。早上的时间基本归他自由支配，晚上的时间，只要小拉尔夫不想外出，他就可以利用来做自己的事情。所以他在这里既能挣得一份工钱，同时又有大量时间从事他的文学活动。他在这里不仅写作，而且利用康纳博尔家的藏书，阅读了不少名著，如康拉德的《胜利》，埃利斯的《性爱的象征主义》等。

海明威在康纳博尔先生家住了一段时间。这位"拉尔夫叔叔"对海明威的能力和决心更加深信不疑。他主动把这个小伙子介绍给《多伦多明星报》的编辑部主任兼经理以及广告部经理和其他编辑。他甚至向他们预言，欧内斯特·海明威将成为一个成功的作家。

于是，没过多久，家庭教师海明威就调换了职业，成了著名的《多伦多明星周报》（《多伦多明星报分日报和周报两种》)的特写作家。

当上了特写作家的海明威如鱼得水。作为特写作家，他的职责与做《堪萨斯城星报》见习记者有所

不同。他可以自己选择题材，凭借想象力充分发挥，加进一些适合于主题的幽默或悲伤，而无须作什么真实的报道。

他的文章风格奇异、清新，富于讥讽意味和戏剧情节，还具有一种震慑读者的力量，深得主编赫伯特·克兰斯顿的好评。这位主编大人认为，给予新来的这位特写作家最大的帮助就是不予帮助。只要给他时间就行，让他自个儿在工作实践中去发展。只要海明威每星期能交出两三篇带有加拿大色彩的故事，克兰斯顿就心满意足了。虽然每篇故事稿酬不多，只能挣到五至十美元，但是海明威乐在其中，感到英雄有了用武之地。只要能听到自己的打字机彻夜不停地响，他心里就感到十分高兴。

随着时间的推移，海明威采访了各式各样的人物，有政治家、将军、重要的女性、专替人堕胎的人、演员等，也有普通老百姓。只要他们身上有故事，他就不会放过机会去采访。而且，他从不满足于所听到的话语，一直要等到他觉得有责任用这些话语描绘出一幅图画时，他才会感到满意。

完成了特写任务后，海明威就凭着他那丰富的想象力提出一些耸人听闻的题材，通常都是犯罪和暴力行为之类。不过，他笔下的人物都是真实的，都是他认识的，有的和他打过架，有的和他喝过酒。在他看来，荣誉和真理都十分宝贵。因为他写的人物都是活生生的人，或者是杀人犯，或者是诈骗犯，或者是妓女和随军谋生者，所以读者必须懂得他们的心理动机。这些动机都是原始的、野蛮的，没有什么人情世故和委婉的闺房叮咛。

在《多伦多明星报》干了一段时间，海明威认为他已经圆满地尽了他的义务，报了康纳博尔和克兰斯顿对他的知遇之恩，这时候应该另找一个新的竞技场了。

于是，在1920年秋，海明威离开了多伦多，回到芝加哥，开始了人生的新一站。

**知识链接**

康拉德是波兰裔英国作家，1857年12月3日生于一个诗人家庭，自幼失去父母，17岁开始当水手，后升大副、船长，一生经历了达20余年的航海生活。1886年，康拉德入英国籍，1889年开始用英语从事文学创作。康拉德在英国文学史上有非常重要的地位，被誉为英国现代八大作家之一。其代表作有《水仙号上的黑家伙》《黑暗的心》《青春》等。

# 第一次婚姻

海明威来到芝加哥之后，首要的问题是找一份工作以维持生计。但这不是一时半会儿就能找到的。不想这时有一个姑娘闯进了他的生活。她名叫哈德莉·理查逊，是密苏里州的圣路易斯人。

圣诞节之后，海明威和朋友们搬入东区街63号的一套有七间房间的舒适公寓内。海明威不和自己家里人生活在一起，日子过得很自在。他去看拳击比赛，听歌剧，跳舞，打网球。也就是在这段时间里，海明威看到《芝加哥论坛报》上有一则广告，这是美国合作协会办的一家杂志《合作团体》要招聘助理编辑。于是他便前去应聘，结果以每星期40美元的薪水被聘用，而且很快在1921年1月被加薪至50美元一星期。但是海明威并没有为这家杂志干多久，他在1921年6月离开杂志去密执安避暑，而在此以后没过几个月，美国合作协会就因为会长从事诈骗而宣告破产。

海明威在芝加哥居住期间最重要的一件事是认识了他未来的第一个妻子哈德莉，并且坠入了爱河。那是1920年10月，海明威刚刚搬入东芝加哥大道100号的公寓的时候，公寓里出现了一个从圣路易斯来的年轻女子，这就是哈德莉·理查逊小姐。原来海明威搬入的这所公寓是他朋友肯利·史密斯夫妇租下来的。肯利·史密斯、比尔·史密斯和凯蒂·史密斯兄妹三人都是海明威的好朋友。凯蒂和海明威当时都想到芝加哥找工作，凯蒂热情地邀请海明威住到她嫂子租下的那套大公寓里，同时也邀请了她在圣路易斯的玛丽学院学习时的同学哈德莉。因为哈德莉这时刚刚丧母，凯蒂想让她到芝加哥来散散心。

哈德莉比海明威大八岁，她于1891年11月生于圣路易斯一个制药商的家庭里。

在哈德莉到达的当天晚上，肯利的寓所里举行了晚会，她见到了一群很有意思的小伙子，其中一个有点儿笨拙的小伙子老是围着她转，这个小伙子就是海明威。哈德莉对海明威很感兴趣，而海明威则有一种模糊的预感，仿佛哈德莉就是将成为他妻子的那个女人。在哈德莉逗留的三个星期中，他们俩天天都在一起。由于寓所里住的都是年轻人，大家互相叫着奇奇怪怪的名字，开着玩笑，生活很是快乐。哈德莉觉得这里充满着生活气息和年轻人的朝气与情趣，她尤其在海明威身上感受到一种男性的吸引力。

三个星期以后，海明威送哈德莉上了回圣路易斯去的火车。这时他们之间已有深厚的感情，双方都把对方看成自己孤独地闯荡世界的好伴侣。在随后的日子里，他们主要是通过通信来表白对对方的好感的。1921年3月，海明威迫不

※古巴海明威纪念碑

及待地赶到圣路易斯去看哈德莉。两周后，哈德莉又到芝加哥来同他会面，然后两人一起去橡树园见了海明威的父母。海明威的父母对儿子的这个女朋友感觉不错。哈德莉在回圣路易斯前一天晚上告诉海明威，母亲去世时给她留下一笔委托基金，每年可以得到3000美元，这在当时算是一笔不小的收入。有这笔钱作保证，如果他们像海明威希望的那样到欧洲去当记者，那么他们在欧洲的生活将会不错。就这样，他们决定结婚了。

6月21日，他们在圣路易斯举行了订婚仪式，婚礼定在1921年9月3日。由于哈德莉的双亲已经不在，海明威又不愿意她好管闲事的姐姐在婚礼上指手画脚，所以他不想在圣路易斯举行婚礼。最后他们决定在密执安的霍顿湾举行结婚仪式。

10月份，哈德莉的一个叔叔去世，她又意外地得到8000美元的遗产，这对当时没有工作的海明威来说当然是一个不小的收获。经济上有了进一步的保障，他们加紧考虑到欧洲的计划。

海明威和多伦多的《明星周报》联系，想让《明星周报》聘他为驻欧洲的记者。他一心想到意大利去，而且一直在购入意大利的里拉。但是他刚认识不久的作家朋友谢

伍德·安德森却劝他到巴黎去。安德森是海明威的朋友肯利·史密斯介绍他认识的，比海明威大23岁。

海明威夫妇最后放弃了去意大利的想法，决定前往巴黎。

《明星周报》终于答应聘请他为第一任驻欧洲的记者，每周的薪水为75美元，外加其他费用。至于他在正常工作任务之外写的稿件，凡被采纳的，均按每个词一美元的标准另外支付稿酬。有了这样的收入，再加上哈德莉的年金，他们可以在欧洲开始美好的新生活了。

12月的第二个星期，海明威夫妇在纽约登上了法国船运公司的"利奥波尔迪娜"号客轮，前往法国。海明威的口袋里装着安德森写给格特鲁德·斯泰因、詹姆斯·乔伊斯、埃兹拉·庞德等先锋派作家的介绍信。

※巴黎风光

# 巴黎学艺

**海**明威夫妇于1921年12月22日抵达巴黎。海明威在巴黎学艺期间，有两位作家对他帮助不小：一位是斯泰因，另一位是庞德。

1922年3月，海明威夫妇登门拜访斯泰因。格特鲁德·斯泰因家境富有，她先在美国东部上学，后来侨居巴黎。她是一位绘画收藏家，来巴黎后一直赞助现代派画家的创作，在巴黎成为文化名人。尤其是在战前，她的寓所花园街27号，是艺术家的文化沙龙。海明威夫妇一进她家，感觉就像是进了美术馆，四周挂满各种新潮画家的绘画。斯泰因终生未婚，同女伴爱丽丝·B·托克拉斯相伴为生。海明威头一次见斯泰因时，她已经48岁，相当于他母亲的年龄。

不久，斯泰因和托克拉斯回访海明威夫妇。海明威拿出自己写的作品向她请教。斯泰因认为他的诗写得还可以，长篇小说不行，"描写太多，而且又不是很好的描写，要重新开始"。

斯泰因自己也是一位作家，而且热心于实验性的革新，革新的重点在文学语言方面。

语言有它约定俗成的规范，有独创性的作家可以突破规范从而推动语言的发展，但不能破坏语言的规范，除非在个别的特殊情况下。斯泰因是很自负而又固执的人，虽然她后来的作品没有人愿意刊登，但她仍然以权威自居，说话口气酷似垂直命令，容不得不同的意见。

海明威是悟性很高的学生，能够很快地吸取他所需要的东西。

海明威在巴黎同埃兹拉·庞德的交往从1922年初开始，虽然前前后后只有四个月，但庞德对海明威创作的影响，要比斯泰因深远得多。

庞德陆陆续续地向海明威灌输的是以下几点。

庞德认为，像海明威这样自学成才的青年应该阅读传统的经典作家的作品，包括荷马、奥维德、乔叟、但丁、维龙和玄学派诗人的作品。还应该阅读法国作家福楼拜和司汤达的作品。在作家中间，庞德建议海明威阅读詹姆斯·乔伊斯、Ｔ．Ｓ．艾略特和亨利·詹姆斯的作品，包括《美国人》《华盛顿广场》和《贵妇人的画像》这些詹姆斯的早期作品。阅读是为了学习，庞德说，学习的作家越多越好，但学习的态度"要诚实"，"要么直截了当地承认你受了谁的影响，要么不要留下痕迹"。

庞德关于学习和模仿古代作家的说法，多年之后成了海明威自己的经验。

要模仿每一个作家，不论是活着的还是死去的作家，只是要坚持一条：你要模仿得非常隐蔽，让人觉得这是你的独创。

怎样把别人的长处拿来为"我"所用，化为自己的东西，是海明威成功的一个秘诀。

海明威对庞德的帮助始终难忘。

从海明威学艺时期受益于庞德这件事判断，海明威是庞德继乔伊斯和艾略特之后的又一个"发现"。

海明威是天生喜欢简略的人，在《堪萨斯城星报》又受到要求简略、有力的文字训练，因此庞德的一套理论很符合他的胃口。庞德的要求是对文学语言的要求，这正契合海明威的需要，因为他正处于从新闻写作过渡到文学创作的关键时刻。

与庞德进行了第一次谈话之后，海明威下决心苦练创作的基本功。他不急于发表什么，而是从创作的最基本的单位开始，先写好句子。

我们谁也无法知道人在弥留

之际的思想活动，无法写实，只能想象。有托尔斯泰合乎情理的想象，也有福克纳那种荒诞的想象。海明威的想象是否真实，我们无从评判，但与前一种写法相比，我们可以肯定：前一种写法是描写，后一种写法才叫创作。正如海明威后来加以严格的划分："描写不是创作。"

庞德对海明威说过，创作像绘画一样，基础在于选择。海明威见过画家作画：他们怎样改变线条，怎样调整色彩，怎样加强或者淡化光线以适应他们所要表现的东西。海明威体会到，创作也是一样，语言掌握在作家手里，怎样调整变化以适应主题思想的需要，完全听作家的使唤。

※庞德像

## 记者生涯

战后的欧洲动荡不安。

墨索里尼指使他的黑衫党大举进军，拿下罗马。许多记者和政治评论家竭力为他涂脂抹粉，大肆鼓吹这个意大利法西斯头目是意大利人民的救星。

战后的德国正在经受着急剧的通货膨胀的威胁。10马克买不到一个面包，流通货币每小时都在贬值。失业以及对法国这样的战胜国的仇恨像癌症一般摧毁着这个国家的国民精神。

土耳其的解放者和独裁者凯马尔帕夏指挥手下把希腊人赶出小亚细亚，以无谓的混乱方式排除异己，使无辜的平民百姓背井离乡、流离失所，其惨状不忍目睹。

在这有如污泥浊水般的政治漩涡中，作为驻欧记者的海明威必须区别出哪是马林鱼、哪是鲨鱼、哪是淡水鱼、哪是阴沟里的小鱼，他必须亲自去看、去听。

于是，他去了意大利，并最先报道了墨索里尼拿下罗马的消息。但是他没有把墨索里尼美化为意大利的救星，而是反其道而行之，把这个法西斯头目写成一个危险的"品性很坏的人"。

他去了小亚细亚，和希腊难民一道撤出。

第二天天刚亮，六名希腊内阁大臣遭到枪决。

名人名言

只要不计较得失，人生便没有什么不能克服的！

——海明威

墨索里尼是意大利法西斯首领，独裁者，"二战"元凶，1922—1943年任意大利首相。1925年1月，墨索里尼宣告国家法西斯党为意大利唯一合法政党，开始使用法西斯主义统治意大利。1939年5月22日，墨索里尼与希特勒签订意德钢铁条约。1940年6月10日，意大利正式加入轴心国，参加"二战"。随后墨索里尼在意大利北部建立意大利社会共和国。1945年4月27日，墨索里尼逃亡，途中被俘，后在科莫省梅泽格拉被枪决。

他们被带到一家医院的墙根旁，一字排开。其中一人患有伤寒，走不动路，是两个土耳其士兵架着他出来的。那人站不起来，只好抱着脑袋坐在泥地里，就这样给一枪打死了。

海明威的报道感情强烈，有股震慑人心的力量。他在报道完这一事件之后又加上一笔："有一个被处决的人高高举起一个小小的耶稣受难像。"

这个驻欧记者把新闻报道和个人叙述写完以后，累得精疲力竭，躺在地板上没两分钟就进入梦乡。这是一家被捣毁的希腊人旅馆，房间里没有床，外面仍淅淅沥沥下着雨。

20世纪30年代的欧洲战祸迭起，风云多变。海明威一闻到战争的气息就像蝙蝠飞进夜幕一样迫不及待，战争打响第一枪时他就已经赶到现场。

1923年，法军占领了鲁尔区。

海明威继热那亚经济会议之后又参加了一些会议，包括巴洛会议和洛桑会议，还会见了当时的苏联外交代表契切林。

他报道了这些会议，也报道了墨索里尼的罪恶行径。当别的政治家都只看到这个法西斯头目身上的优点时，他却一再发出警告。"不可低估墨索里尼，"他在一篇稿子里写道，"墨索里尼不是傻瓜，他是个了不起的组织家。"

不过，他对大众心理比对当权人物的个性更感兴趣。他这样写道："法西斯党徒对社会主义者、共产主义者、共和主义者或者合作会社的成员一概不加区分，统统把他们看做赤色分子和危险人物。"

就在三个星期前，这位法西斯的领袖率领手下进军罗马，接管了旧政权，成了意大利的统治者。在洛桑会议上，他趾高气扬地走来走去，显示他的领袖身份。有一次他在自己套房的接待室里举行记者招待会，记者们涌入房间。海明威报道说："墨索里尼坐在他的办公桌旁，读着一本书。他的脸扭曲成闻名于世的那种愁眉苦脸的样子，一副独裁者的神情。"他摆了好一会儿那样的姿势，好像已经忘记了有记者在场。海明威想看看他到底在看什么书，便踮起脚尖走到他的后面，发现是一本法英词典，墨索里尼竟然还把它拿倒了。如果说，上一次在米兰见到墨索里尼时，海明威对他还没有什么恶感，那么，这一次海明威对他的态度显然有了明显的转变。海明威说："一个人

※哈瓦纳的海明威铜像

穿黑衫，罩着白鞋罩，即使是在舞台上也不免有点毛病。"他称他为"欧洲最大的虚张声势者"，"你将在他口中看到迫使他绷起他那闻名于世的墨索里尼式怒容的弱点"。

海明威对这个法西斯头目的洞察在当时来说是很有先见之明的，因为当时还有许多人没有看透这个独裁者，甚至还有不少人赞扬他、崇拜他，其中包括邓南遮、皮兰德娄、马里内蒂、普契尼、克罗齐等著名的意大利人，也包括像丘吉尔、萧伯纳等一些著名的英国人。海明威很希望哈德莉赶紧来到他的身边，他想等洛桑的工作一结束，便和哈德莉一起到香比镇去度个长假。他催哈德莉乘飞机来，可哈德莉却决定乘火车，谁知却遇上了大麻烦。原来哈德莉从巴黎出发前，在收拾行李时想到海明威在休假期间也许会有空余时间要修改他的手稿，于是就小心翼翼地把她所能找到的所有她丈夫的短篇小说稿和诗稿统统装进了一个单独的旅行袋里。这几乎是海明威在欧洲所写的全部文学作品（《在密执安那边》和《我的老人》除外）的原稿。她拿着行李乘出租汽车前往巴黎的里昂火车站，搭乘去瑞士的火车，下出租车时她请一个挑夫帮她把行李

拿上火车，谁知她的旅行袋在这时被偷了。海明威的三年心血付诸东流。为了看看是否还能找回些什么，海明威找了个人来代理他在洛桑的工作，自己匆匆赶回巴黎。如果说，他在一路上还存有一点侥幸心理的话，那么，他到家以后便彻底死心了。情况正如他妻子说的那样，一切都完了。绝望之余，他做出了他自己声称他一生都不能忘记的事，但是到底是什么事，他从未向人透露过。第二天他到斯泰因那里寻求安慰，斯泰因和托克拉斯小姐热情地款待了他，他还同斯泰因谈了一个下午有关斯泰因的近期创作问题。那天晚上他坐夜车回洛桑，在餐车里喝了一大瓶葡萄酒。回洛桑不久，在圣诞节即将到来之际，海明威放下了手上的工作，决心把一切不愉快的事情扔到脑后，就和哈德莉一起到香比镇和朋友们会合，然后到山里滑雪去了。

他也去过德国，但那是工作需要，他没带哈德莉去，带她去不安全。

哪里有行动，哪里就有海明威。

科隆的城市广场上发生了一场暴乱，海明威就造访了科隆大教堂，在那儿从头至尾俯视了这场暴乱。

将近五年时间，海明威代表《多伦多明星报》游历了欧洲的许多地方，参加了各种政治会议和经济会议，会见过不少政界要人。他既注意看，又注意听，就是不引用政治理论。他也无意装成能预卜占凶的先知，所以他的观察特别准确。他预先指出了希特勒德国的危险性以及墨索里尼意大利内部的毒瘤，但是世人当时并不介意，真相大白要等到千万人丧生之后。

就这样，作为一个优秀的新闻工作者，海明威树起了自己的声誉。他开始了新的尝试。他想采写独家报道的内幕新闻，还专门会见了法国总理克列孟梭，写了一篇很有见地、充满激情的报道。可是《多伦多明星报》拒绝采用这篇稿件。这事很伤海明威的自尊心。他气愤极了，真想辞职不干。考虑到每星期的工资，他才暂时作罢。但是这事在他心里埋下了对新闻工作失望的种子，后来他还是离开了报界。

# 婚姻的破裂

**19**23年1月，哈德莉怀孕了。本来她的医生告诫她，由于身体的原因，她不能要孩子。但是她现在怀上了，而且不准备打掉。大约是在2月或3月的时候，哈德莉告诉了海明威这个消息，当时他们正在意大利的科蒂纳滑雪。海明威对哈德莉的怀孕完全没有思想准备，这导致了他对哈德莉态度的重大转变。他开始把哈德莉看做一个限制了他自由的女人。海明威很不情愿地在朋友们中间宣布了哈德莉怀孕的消息。

小邦比出世了，长得十分可爱，也很讨人喜欢。斯泰因和托克拉斯整天围着孩子团团转，忙得不亦乐乎。她们给小邦比做了一把镶有绣花边的小椅子，给他编织毛衣，还提出许多外行的建议。在圣公礼会教堂洗礼时，斯泰因还主动做了教母。

但是小家伙哭起来嗓门大得吓人。

海明威讨厌这孩子，讨厌孩子的尿布、婴儿的食品以及半夜的哭闹声。他想安安心心地写点东西，可是他那狭窄的地方没法让他写作，打字机常常把孩子从梦中惊醒。

他还发现，哈德莉把感情转移到了儿子身上，至少他是这样认为的。他不明白个中原委，也不想去追究，他没有时间。

那是一段相当艰苦的日子。

他有一个嗷嗷待哺的幼儿，有一个安于贫困的妻子，他的打字机常常没有新的色带，短短的铅笔头得用钝刀削尖。

渐渐地，海明威开始转运了。

《大西洋评论》开始刊登他的小说，并提供给他助理编辑的美差。同时他又有几篇小说被几家法国杂志接受了。

紧接着，德国最大的出版公司乌什丹公司发表了他的几篇特写。还有一个短篇《斗牛》登在了《丰收》杂志上。

这个美国的短篇小说家在国外得到了承认，编辑和出版商开始对他刮目相看。美国的编辑先生们为之咋舌，他们再不能对他置之不理了。

《大西洋月刊》率先买下了海明威的《五万美元》。

赫斯特系列的各种报刊表示想同他签订一份待遇优厚的合同，聘他为记者。

对于当记者的建议他连想也不想就断然拒绝了。他不愿再受报馆工作的种种限制，他的笔记本里写满了笔记和构思，他需要时间把它们变成一篇篇小说。他内心的热情旺得像一团火，报纸文章的各种清规戒律再也束缚不住他了。

"这么好一份差事你怎么就推掉了？"哈德莉知道后埋怨道："你知道我们正缺钱花。大人不要紧，你也得为孩子想想，你可以像以前那样边当记者边写小说嘛。"

女人唠叨起来就没个完，说得海明威心头火起。他绷着脸说了句"不干就是不干"，就再也不说一句话了。

这是他第一次对妻子发脾气，但是有了第一次就有第二次、第三次。

裂痕产生了，扩大了。有时甚至吵得打起来，骂得哭起来，夫妻俩的关系越来越紧张。

偏偏这时候插进来个艾洛伊斯。

这女人是搞雕刻的，经常像个幽灵似的出没于海明威的朋友之间。她长得并不美，唯一的优点是身材苗条，弱不禁风。海明威觉得，这个女人活像烟卷上袅袅升起的一缕青烟。她知道如何讨得男人们的欢心，在海明威面前不多言不多语，自有一种娴雅文静之感。这正是海明威在家里发过脾气之后所需要的镇静剂。

"把你的打字机搬到我这里来吧，"艾洛伊斯说，"我的工作室挺大的，足够我们俩使用。"

海明威真的把打字机搬了过去。

他俩一个忙着把黏土做成巨大的人像，一个在打字机上敲个不停，各行其是，互不干扰。

日子就这样一天天过去了。

或许正应了日久生情的老话，有一天他们竟然越过了雷池，艾洛伊斯解开了海明威的上衣扣子。

一束阳光透过窗玻璃正好照在海明威裸露的上身。

刹那间，艾洛伊斯歇斯底里的一声尖叫，紧接着大声喊叫起来：

"滚出去！别再让我见到你！"

她捂着脸呜咽不已。

海明威有些莫名其妙，他不明白为什么艾洛伊斯会突然态度大变。他粗鲁地抓住她瘦削的肩膀使劲摇晃。

"怎么了？你这是怎么了？"他问。

"你丑，你身上尽是疤，你身上长满了可怕的白嘴巴。你没有权利碰我，根本没有！我原以为你很美呐，其实你是个丑八怪。我万万不能看到丑恶的东西。"

海明威感到恶心。

他放开了她，穿好衣服，收拾起稿纸，关好打字机，看也不看还在地上撒泼的女人，带上稿纸和打字机离开那里。

这事被渲染成桃色新闻，消息不胫而走。哈德莉伤透了心，一气之下曾带着儿子返回美国一段时间。

※海明威黑白照

# 迷惘者

海明威夫妇来到巴黎后，在庞德以前的工作室附近的田园圣母街113号找到了一套公寓，楼下是一个吵闹的锯木厂。公寓里的各种设备条件都很差，没有热水，没有煤气，甚至没有电灯。海明威趴在家里的餐桌上开始了他重返欧洲后的创作计划，但是他的思路不断被婴儿的哭闹声、锯木场的嘈杂声以及附近舞厅的音乐声打乱。到了实在无法忍受的时候，他就收拾起他的写作用品，到附近的"丁香园"去。经常光顾这里的是一些上了年纪的人，也有一些住在附近的稍微年轻一点的人，其中几个还戴着十字勋章或军功章。他们喜欢在那里聊天、喝咖啡或茶，看报章杂志等。海明威就在这一堆人里，进入了他笔下人物尼克青少年时代的虚构世界。到1924年2月底，海明威完成了短篇小说《印第安人营地》。这篇小说讲的是男孩尼克随父亲去给印第安人看病，看到了印第安人自杀的情景。这个短篇最先发表在英国作家、文学评论家福克·马多克斯·福特刚创办不久的杂志《跨大西洋评论》的1924年4月号上。

海明威是其直接受益者，在这个刊物存在的短短一年时间里，福特发表了海明威的三个短篇小说以及几篇文章。

在为《跨大西洋评论》工作的这段时间里，海明威的收入状况很好。

海明威这一时期结交的朋友中，有不少上过名牌大学，从美国到欧洲来寻求发展，但是不知道干什么才好，成天沉湎于刺激、欢乐、狂饮、歌舞之中。他们当中不少人后来都取得了不小的成就，但他们都或多或少带有一点迷惘的情绪，其中有的还和海明威一起形成了"迷惘的一代"的创作风格。

海明威这时在女人的问题上同样表现出某种迷惘。哈德莉比他大八岁的年龄差异越来越明显地反映到日常生活中。哈德莉生了邦比之后，体重增加，性情趋向于安静，扮演的角色越来越由妻子转向了母亲。海明威对比却很是不满。在哈德莉回到美国期间，海明威又有了新的女友，他和哈德莉的婚姻受到威胁。这位新的女友就是后来成为他第二任妻子的波琳·法伊芙。

波琳·法伊芙是《时尚》杂志的编辑，工作在巴黎，她是海明威家的朋友。这个富家女子爱上了海明威，是企图插足的第三者。她常随海明威夫妇一起活动，包括外出旅游，海明威对她已有所动心，只有善良的哈德莉蒙在鼓里，浑然不觉。她听了海明威念的《春潮》中某些章节之后，哈哈大笑，直说"了不起"，建议他马上拿出去出版。

菲茨杰拉尔德与海明威合谋演了一出双簧。先由菲茨杰拉尔德出面写信给公司老板贺拉斯·利夫赖特，说海明威《春潮》是"最优秀的喜剧作品"，但"有八分之七攻击安德森"，建议他们不要出。再由海明威写信给贺拉斯，说了不少漂亮话，什么"讽刺作品不会得罪安德森"，例如"在英国小说的黄金时代，菲尔丁写小说讽刺理查逊"，结果"两部作品现在都成了名著"，如此等等。

果然不出他们所料，鲍尼与利夫赖特公司看了《春潮》稿子之后回电：不宜出版。这样，海明威就

## 知识链接

菲茨杰拉尔德（1896—1940），美国著名小说家和编剧，是"爵士时代"最重要的代表作家。他中学时代便开始写作，在普林斯顿大学学习期间，曾为学校的刊物和剧社写稿。1917年，菲茨杰拉尔德辍学入伍，在军营中开始长篇小说创作。他24岁发表《天堂的这一边》，一举成名。他的作品饱含着诗人的敏感和戏剧家的想象力，代表作是《了不起的盖茨比》《夜色温柔》。

把中断合同的责任推给了出版者，而他得以成功地转移。

1925年年底，海明威收到鲍尼与利夫赖特公司拒绝出版《春潮》的电报之后，即于1926年年初独自赴纽约与斯克利布纳父子出版公司联系。斯克利布纳公司的编辑麦克斯·潘金斯一口答应出版《春潮》和他正在撰写的另一部小说《太阳照样升起》，并且给予优厚的报酬：两书预付1500美元的稿费，还给每本书15%的印数稿酬。

海明威订好合同之后即返巴黎继续写《太阳照样升起》。

这部小说有两个题词，一个是《圣经·传道书》里一段话中引出的"太阳照样升起"。另一句题词是引用斯泰因说过的一句话："你们都是迷惘的一代。"按海明威的原意，他同时用这两个题词，含有"平衡"的意思。他万万没有想到"迷惘的一代"这个说法居然流传开来，而且越传越广，代表了一次世界大战后年轻一代作家的创作倾向，也成了表现一代人思想情绪的称谓。

《太阳照样升起》发表之后，首先得到作家、批评家的好评。《纽约时报》赞扬小说"对话巧妙"，"行文干净，刚健活泼"，《先驱论坛报》说小说的故事虽不那么高尚，但作者冷静客观，"读来令人振奋"。批评家哈里·莱文指出："海明威的写作有力度，大部分原因是因为他对语言有一种敏感的听力。"《大街》和《巴比特》的作者辛克莱·路易斯给予海明威很高的评价。后来路易斯到巴黎，非要见见海明威不可。当然也有表示不满的，主要是一些英国批评家，他们嫌海明威写人物不够好，说他笔下的人物"没有头脑，没有过去，没有传统，没有记忆"。

总起来说，评论界肯定的是海明威的写作技巧，包括语言、对话等等方面，不满的是他的人物描写。也许局限于当时的视角，这些批评不论是肯定的还是否定的，似乎没有确立一个共同的坐标。

《太阳照样升起》虽然在青年读者中间受到热烈的欢迎，但在老一代读者看来，这是一部大逆不道的书。他们的反应不大见诸文字，但从海明威家庭——典型的中产阶层的反响，我们可以看到一些端倪。

海明威的父母读到《在我们的时代里》中的一些短篇之后，就颇不以为然。他父亲在1925年圣诞节期间给他写了一封信，提出婉转的批评："我每天在祝贺你写了《在我们的时代里》一书！我相信你在将来的书中会更多地描写另一种人性。粗鲁的人性，你无疑向世人展示过了。现在你要寻找愉快的、令人向上的、乐观的、崇高的人性。它是存在的，你能找到。要记住上帝在掌管着我们，要我们尽最大的努力。"

但是海明威这个"不肖子孙"，他不但不去找"愉快的、令人向上的、乐观的、崇高的人性"，反而展示了更加粗鲁、更加卑劣、更加堕落的人性。请看他的弟弟莱斯特·海明威的回忆：

父母终于读了《太阳照样升起》，他们就像修女们参观妓院似的感到迷惑不解和震惊不已。他们看这本书完全像一次不情愿的参观一样，不同的是他们的儿子是作者。他们不了解书里出现的场景和人物，他们的情感受到极大震撼。在我的记忆中，家里人的生活就像在空鸡蛋壳上行走，但一个也没踩破。大家都恐惧地说，这一切都怪"那本书"。

这一次由他母亲出面给他写信，说她"不能再保持沉默"，说她的儿子"写了本年度最下流的一部书"，她认为她的儿子"除了'他妈的'之外，一定还有其他的词语——你写的每一页都叫我恶心"。她说艺术家只要写出美的东西就能在人间找到天堂；他的儿子早已把自己献给了上帝，所以"相信你会做一些值得做的事情，会找到上帝，找到你真正的工作"。

海明威同父母亲的争论是不同的文艺观的争论。他的母亲坚持要写生活"微笑的一面"，所谓崇高、信仰上帝、引人向上实际上就是歌功颂德，对现在的社会秩序展示乐观主义情绪。海明威认为那是虚假的，不真实的。他写了一些"颓唐、空虚、垮掉"的人物是因为在他看来生活正是如此。

海明威和父辈文化的矛盾是一种"代沟"，只是这种"代沟"并不是任何时代都存在的同质的差异，而是不同质的冲突，是发生在新旧交替时代不同文化价值取向的冲突。这个问题在美国似乎比较突出。别以为美国人都崇尚创新，喜欢变异，那些殷实的中产阶级家庭的读者群其顽固不化的程度令人吃惊。

海明威的父母也是这样。经过第一次世界大战的洗礼，外面的世界发生了天翻地覆的变化，青年一代的思想也发生根本的转变，但他们的价值取向像石舫一样，任你波涛汹涌，它们始终屹立在原地，纹丝不动。

这些中产阶级妇女是美国小说人数最多的读者群。各个出版社、全国性的大型刊物不得不考虑她们的趣味与爱好。这就是为什么那些程式化的、平庸的小说总是能占据市场，而打破传统、开拓新的心灵空间的作品总要经过一番挣扎才能面世。

在海明威看来，人生是注定要痛苦和迷惘的，因为人来到这个世界上改变不了什么，"太阳照样升起"。海明威的这句话来自《圣经·传道书》第一章："一代过去，一代又来，地却永远长存。日头出来，日头落下，急归所出之地。风往南刮，又向北转，不住地旋转，而且返回转行原道。江河都往海里流，海却不满。江河从何处流，仍归还何处。"其中，"日头出来"和"太阳照样升起"在英语中是一致的，只不过前者用的是古英语，后者用的是现代英语。当然，尽管人生改变不了什么，尽管人生充满着凶险和痛苦，但是似乎还是应该像斗牛士那样去拼搏一下。海明威在观看斗牛当中悟出了这样的道理，这决定了他最终不会长久迷惘下去，他要以斗牛般的"硬汉子"精神去面对人生的苦难，并形成他作品的风格。

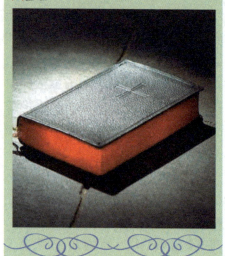

# 第二次婚姻

**19**25年3月，哈罗德·罗布的女朋友吉提·康内尔将她的朋友法伊芙姐妹介绍给了海明威。这两姐妹中，姐姐叫波琳，妹妹叫吉尼，妹妹长得比姐姐更迷人。当时她们刚从奥地利的施隆斯过冬后来到巴黎，在罗布的公寓里见到了海明威。

波琳毕业于圣路易斯的圣母学院和密苏里大学的新闻学院，曾经为《克利夫兰明星报》《纽约每日电讯》《名利场》工作过。20世纪20年代初，她接受了巴黎《时尚》杂志提供给她的助理职位，由妹妹吉尼陪着来到了巴黎。

波琳身材小巧玲珑，皮肤黝黑，留着短发，看上去像个男孩。她在家时娇生惯养，因此习惯于按自己的方式办事，而且她还像所有法伊芙家的人一样野心勃勃，凡是她想要得到的，便一定要得到。后来，她嫁给海明威以后，海明威的妹妹玛德莱娜有一次对她说，她自己也爱上了一个有妇之夫，可是无法做出努力来得到他。波琳就怂恿她"只管去得到他"。

在罗布的公寓里第一次见到海明威以后不久，波琳和吉尼就顺便到海明威的公寓里歇歇脚，其实她们是来看哈德莉的。波琳看见海明威的胡子也没有刮，躺在不整洁的床上看书，后来就对吉提·康内尔说，她没有想到，哈德莉怎么能忍受住在这样卑贱的环境中，怎么能同这样粗俗的人为伍。她同哈德莉的生活方式完全不一样，她喜欢穿时装，经常参加时装表演会，还喜欢谈论文学，她有着十分富有的家庭做经济后盾，也有富家子弟的派头。而哈德莉在她面前就显得落伍、衰老、寒酸、保守、内向、孤独。在这种鲜明的对照之下，波琳显然具有优势，所以海明威很快就被她吸引过去。

海明威一开始对吉尼很有好感，但是波琳比她妹妹更工于心计，她会使出浑身解数来得到她想要的东西。也许是她在海明威身上感受到某种难得的男子汉气质，也许是通过将海明威同她的未婚夫马修·赫洛尔德进行对比而发现了海明威身上与众不同的东西，总之，波琳也很快被海明威吸引过去，而且不顾海明威已经有妻儿这一事实，主动发起了对海明威的进攻。在他们相识以后的一段时间里，每当他们在一起，波琳就会投其所好，讲一些海明威爱听的话，她一侃起来，便有说不完的话，显得精力充沛，见多识广。尽管她也比海明威大几岁，但是毕竟比哈德莉小四岁，她在与海明威的交往中，处处留意让海明威注意到她相对于哈

※海明威小说《丧钟为谁而鸣》改编电影的剧照

德莉所具有的优势。海明威作为一个有家有室的男人，为波琳所吸引有多种原因。他精力旺盛，好动，好交际，但是他和哈德莉在一起手头很拮据，这限制了他的很多活动。他在生活上的要求，只想当好母亲的哈德莉已远远不能满足。海明威希望能在事业上尽快做出成就，但是对家务缠身和当好父亲却没有多大的兴趣。他渴望有新的经验，渴望改变现状。波琳所拥有的一切，包括财富和各种社会关系，包括她的兴趣爱好和为人处世的风格，都对渴望改变现状的海明威有着吸引力。当然，他毕竟和哈德莉共同走过了四年的婚后生活，而且有了孩子，哈德莉为了他，经常委曲求全。所以，要抛下哈德莉对海明威来说并不轻松，他陷入了深深的矛盾之中，甚至感到这种矛盾若不能在1925年的圣诞节得到解决，他便只有以自杀来了结。

为了弥补对哈德莉的歉疚，他要在1925年11月9日——哈德莉34岁生日那天，送给她一件贵重的礼物，那就是西班牙著名画家米罗的一幅油画《农场》。

海明威从纽约回到巴黎以后再次见到了波琳，然后他前往奥地利同家人会合，他还说服了他的朋友默菲夫妇以及在默菲家做客的

多斯·帕索斯一块儿到奥地利去滑雪。多斯·帕索斯深深感到同海明威一家在一起时的那种浓郁、温暖的家庭气息，他没有想到，这是海明威和哈德莉在一起生活的最后一个冬天。他后来每次回忆起奥地利的这个小镇时，总是无限感伤地说这是两口子度过"最后的无忧无虑的好时光"的地方。

海明威夫妇从奥地利回到巴黎以后，在春天的某一天，波琳和她的妹妹吉尼邀请他们两口子一起开车到卢瓦尔城堡去玩。在旅途中，波琳的心情变得很不好。哈德莉无意中向吉尼打听波琳和海明威处得怎么样，吉尼说他们俩都很喜欢对方，这种闪烁其词的说法使得哈德莉顿生疑窦。哈德莉一直藏在心里

的怀疑开始逐渐被证实了，于是她便责备波琳自欺欺人的做法。她终于在5月份直截了当地问海明威是否爱波琳，而海明威却虚伪地说这是不可能的。其实海明威这时已经同波琳有了性关系，但是他没有悔过之意，继续同波琳来往，好像什么事也没有发生过。哈德莉为了顾全大局，没有去找波琳的麻烦，她害怕这样会迫使海明威完全倒向波琳一边。她希望以自己的得体表现来使海明威回心转意，她过于相信她同海明威之间的婚姻纽带的牢固性了。

哈德莉对分居深感痛苦。唐纳德·斯图亚特在他们两口子分居后的一次宴会结束时送哈德莉回旅馆，看到她一路哭着回去。海明威也很痛苦，他回到哈德莉那里收拾东西，哈德莉看到他坐下来一个人默默流泪。哈德莉对丈夫还没有完全丧失信心，她决心要做最后一次努力来使丈夫回心转意。她写了一份保证书，签上自己的名字，亲自交到海明威手中。她在保证书上表示同意离婚，条件是要海明威同意和波琳分开100天，以观后效。如果到那时候他们两人仍然相爱的话，她一定履行诺言。她知道海明威是一个经受不起孤独生活的人。她希望在这三个多月的时间里，海明威

对波琳的激情也许会燃烧殆尽，这样他就会冷静下来，重新考虑他和哈德莉的关系。但是，她又一次估计错误。海明威虽然感到歉意，虽然他向父母承认，他和哈德莉关系恶化责任全在于他，甚至当比尔·巴德问他为什么要离婚时，他回答说："我就是个混蛋！"但是，感情的事是很难说的，他丝毫没有因为感觉有负于哈德莉而回心转意，相反却迫不及待地想马上就同波琳生活在一起，完全置哈德莉的要求于不顾。在这样的情况下，波琳却出人意料地表现出大家风度，表示理解这样的条件，也充分显示出她对自己的信心。尽管与恋人的分离哪怕只是三个月，对她来说也是漫长难熬的。于是，她向《时尚》杂志请了长假，于9月24日离开法国前往纽约。

波琳的麻烦在于如何面对自己的父母，把同海明威的关系告诉他们。波琳由于受母亲影响，是一个严格的天主教徒，她知道自己按天主教的教规是犯了通奸罪，并且破坏了一个有孩子的家庭的婚姻关系。她自知在母亲面前是无法交代的。果然，当她回到阿肯色家中的时候，母亲听说她要嫁给一个有家室的男人，便勃然大怒。她让波琳在父亲面前连提都不要提起此事。

波琳陷入痛苦之中，只能到林中和田野里散心。

海明威十分感激哈德莉的自我牺牲精神，在11月18日给哈德莉的回信中表示了深深的歉意，称赞了哈德莉的慷慨，并表示要从经济上加以补偿。

与此同时，波琳在自己家里的局面也被打开，她父母终于同意她嫁给海明威这个有家室的人。当然海明威得皈依天主教，而天主教是不承认新教的婚姻的。按照这样的看法，那么海明威就不算结过婚的人了，而邦比也只能算是私生子。不管怎么说，波琳的父母不仅同意了他们的婚事，而且在经济上加以支持。格斯叔叔更是赞成他们的结合。他很喜欢海明威，尤其是后来见过之后，海明威喜爱的打猎、钓鱼、写作等都使他很感兴趣。他要帮助海明威做所有他因为太忙于挣钱而没有顾得上做的事情。

12月30日，当海明威在瑟堡港迎接从美国归来的波琳时，一切已成定局。实际上他们分开的日子已超过了哈德莉所规定的100天。所有的焦虑、担心、痛苦、不安等，随着这107天分离期的结束而化为乌有。他们俩和吉尼及诗人麦克利什一家马上就到瑞士的格什塔德滑雪去了。他们在那里听说哈德莉于

1927年1月27日获得有关部门的批准，可以和海明威办理离婚手续。

哈德莉离婚以后，开始带着邦比继续在巴黎生活。邦比从1928年起就在当地的学校上学，一直上到1934年。哈德莉认识了《芝加哥每日新闻》的主编保尔·毛勒，于1933年同他结了婚。他对哈德莉带过来的这个儿子也很喜欢。海明威同哈德莉保持了相当长一段时间的联系。在1939年，海明威还怀旧地对哈德莉说："我见过的女性越多，我就越赞赏你……"在1942年间，他告诉哈德莉说，她比他后来的妻子好多了，他仍然爱着她。

后来，保尔表示不希望哈德莉继续同海明威保持这样的关系，她这才让海明威不要再写信给她。但是，不管怎么样，哈德莉的大度和得体，她对海明威有如母亲一般的爱，是海明威终生难忘的。在离婚前，尽管海明威已经很清楚，他们的婚姻关系难以维持，但他经过犹豫之后，还是将他的成名作献给了哈德莉和他们共同的儿子邦比。他还告诉他的代理人和出版社，在他死后，他的书所赚的钱全部归邦比所有，其信托基金由哈德莉代为管理。海明威同波琳结婚后，波琳对邦比也很好，还专门让格斯叔叔为他设立了一万美元的信托基金。

1927年3月，海明威和波琳从瑞士回到巴黎。他们在卢森堡公园附近一所四层楼的房子里找了一套豪华的公寓。里面有一大间卧室，有起居室和餐厅，有一个设备完善的厨房，两间浴室，一间小孩房间，以及一间小书房。格斯叔叔为他们预付了房费，这是慷慨的格斯叔叔在经济上为他们提供的第一次支持。后来他还为他们买了第一辆汽车，买了豪华的房子、钓鱼船，并支付他们非洲冒险旅行的费用。海明威从此告别了拮据的生活。

　　1927年5月10日，海明威和波琳在巴黎维克多·雨果广场的圣奥诺雷·戴洛教堂正式举行了天主教徒的婚礼。

※海明威在巴黎举行了人生的第二次婚礼。图为巴黎的教堂建筑

# 《永别了，武器》

**基**韦斯特是美国最南端的一个小市镇，位于佛罗里达州南边佛罗里达群岛，这片群岛是大西洋和墨西哥湾的分界线。基韦斯特位于群岛的东端，离哈瓦那90英里，离美国大陆120英里。这个亚热带城镇兴盛于30年前的美西战争，是海军驻军、通信联络的港口，人口达2.6万人。但海明威夫妇去造访时，市镇已经衰落，人口才1万。海明威非常喜欢这个地方，因为它气候宜人，出海方便，无论旅游观海还是捕鱼都很理想。他临时借了一套住房，天一亮就动手写《永别了，武器》，试一试写作的氛围和条件是不是合乎他的习惯。一到下午，他就会出去捕鱼或者找人聊天，仔细地询问各方面的情况。不少人见他长得粗壮，头上有一个弯得吓人的疤痕，以为他是从北方来的私酒贩子，或者像个贩毒者，谁也没有料到他是个作家。他像平时碰到高兴的事一样，把他的好朋友多斯·帕索斯、华尔多·皮埃斯和毕尔·史密斯等人叫来一起去海上捕鱼。

新婚的海明威夫妇在渔村的生活

本来很愉快，有如世外桃源一般，可是偏偏海明威遇上些小麻烦，搅乱了他们的蜜月。有一天，海明威游泳时不小心把脚碰在一块尖利的岩石上，划了一个口子，结果伤口感染，脚肿了起来，还发起了高烧，两口子只得扫兴地回到巴黎。海明威在床上躺了整整10天，才算平安无事，没有因恶化而引出大麻烦。

蜜月没有尽兴，海明威惦记着夏天一定要找个好地方补回来。当他把《没有女人的男人》一书写书的计划完成后，他还是决定和波琳一起到西班牙去。潘普洛纳的圣福明节那热闹的斗牛场面他几乎是年年不会错过的。往年都是和哈德莉一起到那里去，现在他陪着第二任妻子来游玩和前妻每年夏天必到的旧地，未免会触景生情。他们一路旅游，最后，他们来到法国比利牛斯大西洋省的昂代海滩，度过了他们这次旅行的最后两周。海明威在这里有了写另一部长篇小说的想法，他的构思是想把它写成一部流浪汉小说式的作品，让主人公由橡树园出发，经过芝加哥、纽约，最后来到巴黎。他把这部小说的书名定为《吉米·布林》。

两人回到巴黎后，波琳告诉海明威她怀孕了。海明威一向怕有孩子扰乱了他的创作，但是没有说什么让波琳听来不快的话。他只是埋头于他新构思的这部长篇小说的创作。到10月中旬的时候，他已经写出了三万字的手稿。

1928年初，波琳的肚子已经开始慢慢隆起，虽然离6月份的预产期还有一段时间，但是该考虑孩子出生的问题了。波琳像哈德莉一样，对欧洲的医疗条件不放心，表示了要回美国生孩子的愿望。她的私人医生也劝她回大洋彼岸去生，而且建议她在怀孕满七个月之前动身。于是，在3月下旬他们回到美国。海明威从此以后再没有长期在大都市里生活，可巴黎的都市生活始终萦绕在他的心头，那里有他的快乐和辛酸，有他在成名道路上的最初的甜酸苦辣，引起他无限的留恋。

海明威和波琳先是乘船到达古巴的哈瓦那，然后又从哈瓦那来到美国佛罗里达州向南延伸的一连串岛屿中最南端的基韦斯特岛。海明威夫妇来到岛上后发现，岛上每天上午的天气炎热、潮湿，但是由于大西洋阵风的影响，到了下午气温就开始下降，所以下午和晚上是十分凉快舒适的。岛上鲜花盛开，绿树成荫，都是南方植物，如九重葛、木槿、夹竹桃、芒果树、番石榴、菩提树、椰子树等等。这里的建筑大多是未刷油漆的木质结构，有漂亮的门廊，二楼还有宽敞的阳台。在这里白天可以看到来往的商船、客轮和军舰，晚上听到咖啡馆、酒吧里传出的热闹非凡的喧闹声、伦巴舞音乐声。海明威很喜欢这个地方，声称"这是我在任何时候、任何地方所见到的最好去处"。他们在西蒙顿街找了一处公寓安顿下来。格斯叔叔送给他们的一辆黄色福特牌轿车也运到了基韦斯特码头。这是海明威非常喜爱的一件礼物，他取出来以后就神气活现地开着在岛上兜风。小岛上的交通工具主要是自行车，很少有人有汽车，所以海明威夫妇开着这样一辆高级轿车在连柏油路都没有几条的地方兜风，真不知引来了多少好奇的目光。

海明威来到基韦斯特的时候，随身带来了他正在创作的两部手稿，一部是他写了几万字便写不下去的《吉米·布林》，另一部开始是一篇短篇小说的构思，结果却越写越长。海明威安排好了他每天的作息计划，创作成为他每天必不可少的一项工作。但是他并不强求进度、赶时间，而是尽量让灵感充分发挥出来，这就需要多接触生活。他一般是早睡早起，利用早晨空气新鲜、环境幽静、头脑清醒、思维敏捷的有利条件，抓紧时间写

上三四个小时，然后他就在户外度过他白天的剩余时间。他喜欢钓鱼，也结识了几个钓鱼的渔友，有酒吧老板乔·罗素，还有一个叫布拉·桑德斯，他教海明威如何到深海捕鱼。海明威在基韦斯特岛上最好的渔友叫查尔斯·汤普森，他俩年龄差不多。汤普森是瘦高个，宽肩膀，说话细声细气的人。他当过军人，在当地是个有钱人。他家拥有一家钓鱼用具店，一个烟盒厂，一个制冰厂，一家海上五金用具店，一家杂货店等。他几乎每天工作结束后都要和海明威一起去钓鱼。他们钓到的鱼多种多样，有琥珀鱼、梭子鱼、海鲢，还有麝香鳌，有一次海明威钓到的一条大海鲢鱼竟重达63磅。有意思的是，汤普森虽然在当地很有钱，可是他还把钓到的鱼拿去按市价出售，这给海明威留下很深的印象，他也跟汤普森学着卖鱼。他们每次卖得的鱼钱一般可以抵消他们买鱼饵花的钱和汽油费。后来海明威把关于在非洲狩猎的札记《非洲的青山》献给他和当地的另一个朋友——机械师沙利文。除了钓鱼，海明威很喜欢同普通人交谈，经常刨根问底，询问别人的家庭、职业及背景情况，了解他们的工作经历，有时还爱试探他们，看看他们对某些事情的反

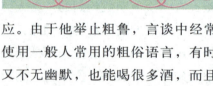

1933年11月，海明威带妻子波琳和好友卡尔一同前往东非的肯尼亚去打猎。回来后，海明威曾说要写一部"绝对真实的书"，可与"虚构的作品媲美"，于是就有了《非洲的青山》。海明威以惊人的记忆，精湛的笔法，再现了在非洲打猎的经过。书中描写与动物斗智斗勇的惊险场面，使读者有身临其境之感，仿佛听到非洲的狮子吼叫。海明威还描述了自己与卡尔在打猎过程中表现出的好胜心和妒忌心，无情地"解剖"了自己，表现了男子汉的坦诚。

应。由于他举止粗鲁，言谈中经常使用一般人常用的粗俗语言，有时又不无幽默，也能喝很多酒，而且不醉，所以大家觉得他这个人很有意思，很善于和大家打成一片。但是他开着阔绰的轿车跑来跑去，好像无所事事的样子，又爱打听各种奇怪的问题，额头上还有好长一条伤疤，人们都摸不透他是干什么的，还以为他是从北方来的不法酒商或贩卖毒品的毒贩子，万万没有想到他竟然是一个正在升起的文学明星！

4月份的时候，《没有女人的男人》已售出1.9万册，算得上是很可观的数字。他带在身边的那部《吉米·布林》的手稿看来是没有希望完成了，他干脆将它撂到一边，集中精力攻他写得顺手的那部不断扩充的作品。那部作品后来就扩充成为他那本大获成功的《永别了，武器》。此时他已写出了10万词的草稿。

7月27日，波琳感到临盆前的阵痛，她马上被送到医院。但是孩子个头太大，在医生的帮助下，波琳花了18个小时的时间都没有把孩子生下来，搞得她精疲力竭。医生实在没有更好的办法，最后只能在28日给她施行剖腹产手术。取出来的孩子有9.5磅重，是个男孩，取名帕特里克。波琳在手术后元气大伤，一连几天腹痛不止，吃不进东西，伤口愈合得很慢。等她出院时，医生叮嘱她，此后三年之内不能怀孕。

海明威在谢里登借了一个牧场居住，上午写书，下午钓鱼。8月中旬，波琳也来了，8月底海明威完成了《永别了，武器》的初稿。9月下旬，他们回到堪萨斯城。海明威把新生的孩子托付给波琳的母亲，去了芝加哥，其间他回了一趟阔别多年的橡树园。10月底，波琳来到芝加哥与海明威团聚，两人先到马萨诸塞州康威拜访诗人麦克利什一家，又去纽约、葛林斯顿等地。等他们回到基韦斯特时，已经是11月下旬了。

海明威刚回到基韦斯特打算修改《永别了，武器》，就接到哈德莉来信，说邦比咳嗽、感冒不止，"要换换空气"，请海明威把他接到南方去过冬。海明威立即来到纽约，带着邦比坐火车南下。哪知车还没到费城，接到老家"父死速归"的电报。海明威把邦比交给列车员，请他负责送到基韦斯特，自己在费城站下车掉头折回芝加哥。

海明威一回到橡树园，便了解到他父亲是自杀而死的，原因一是健康状况不佳，二是为经济问题担忧。

父亲一死，海明威成了"家长"。由他安排，为父亲举行了葬礼，又料理了家里的财务。他建议母亲卖掉佛罗里达那边不值一文的地产，出租住房，还答应以后每个月寄给她100美元的生活费。《永别了，武器》出版后，海明威收入更多时，他还为母亲、弟、妹设立基金，以保证他们有固定的收入。

对于父亲的自杀，海明威的感情非常复杂。他对父亲最有感情，从小跟他在户外活动，他是难忘的。同时，他认为父亲自杀是不负责任的表现，说他是"胆小鬼"。最后他把一切归咎于母亲，认为她忙于音乐、绘画，不会理家，没有尽到妻子的责任。就像他认为菲茨杰拉尔德的一辈子坏在他妻子泽尔达手里一样，他认为父亲一辈子坏在他母亲手里。不过，他从不在母亲面前流露出不满之意，在生活上也没有亏待过她。

父亲去世之后，他只要了一件遗物：他父亲自杀用的那把手枪。

耐人寻味的是，海明威家族似

※改编自《永别了，武器》的电影剧照

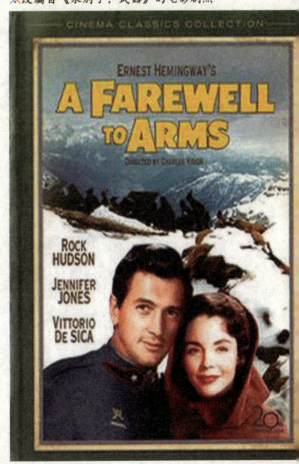

乎有自杀的"传统"。海明威虽然当时责备父亲不该自杀，但32年之后，他结束自己的生命时，采取的是同样的手段；54年之后，他的弟弟莱斯特患上了糖尿病，不堪忍受痛苦，居然也沿着他父亲走过的路奔赴黄泉。

海明威为父亲的事忙到12月中旬，才赶回基韦斯特对《永别了，武器》作最后的修改，还请来他妹妹桑尼帮忙打字，到1929年1月底才算定稿。

这部小说是以海明威自己第一次世界大战中在意大利开救护车的经历为基础的，凯瑟琳的原型无疑是他在米兰遇上的第一个恋人格尼丝，同时也有他第一任妻子哈德莉的影子，甚至凯瑟琳难产的情节也在海明威的现实生活中能够找到依据，因为海明威结束这部初稿的时候，波琳刚刚从难产的危险中解脱出来。正因为海明威将自己的生活融入了作品中，所以他在作品中向人传达的感受是十分真切的。然而他并没有将作品所包含的深刻含义局限在他个人的小圈子里，他表达的是整整一代人的情绪。小说发表的1929年，正是美国在一战以后厌世情绪发展到顶峰的一年。10月份，小说发表后一个月，也就是海明威自己所说的小说发表的当日，

美国证券市场崩溃，席卷欧美各国的经济大萧条开始了。西方社会人心惶惶，不知如何是好。前面已经说过，海明威在一些早期作品中，尤其在《太阳照样升起》中，已经表现了"迷惘的一代"的思想情绪。第一次世界大战使美国不少商人发了财，美国经济因此而迅速繁荣。但是它给普通的美国人带来了什么呢？一方面是参加过战争的人永远忘不了战争的残酷场面，对生活中的传统价值产生了怀疑。另一方面，看到不少人发了战争财，大家也想发财，一种盲目的物欲推动着人们。但是发了财又干了什么呢？无非是今日有酒今日醉，今日的情人只管今日受用，也许明日就投入了他人的怀抱；今日的友谊只保证今日在一起痛快，也许明天就成了仇敌。人们对人生、对社会、对他人、对自己缺乏正确的认识。经济上最终出现的大萧条，同当时人们精神面貌不振作、同一代人的迷惘不无关系。人们说，《永别了，武器》是一部反战的作品，其实这只是很狭义的理解，因为英文的书名是Farewell to Arms，这Arms既可当武器讲，又可当手臂、怀抱讲。如果说当怀抱讲，那么其中包含的意思就多了。可以解释为：海明威同母亲关系不融洽，他

渴望母爱，渴望母亲的怀抱，他在比他大得多的格尼丝和哈德莉那里投入过这样的母爱的怀抱，但是现在他永远失去了她们。波琳虽然也比他大，可她却没有充当这样的角色。我们还可以这样理解：人孤立无助地来到这世界上，就像海明威的父亲，人是孤独的，任何怀抱都帮不了他，任何怀抱都不能长久，等待着人的只是同怀抱的永别，就像作品中的最后独自一人冒雨回旅馆的亨利那样。这部作品的寓意同样也可以解释成：无论是世界大战也好，还是现代西方的物质文明也罢，都同物欲的刺激分不开，社会整个物化了，人和人之间的关系变得非常冷漠，甚至冷酷，人只能听到一些表面动听的语言或已经堕落到只对日期、地名、数字还有一点点可信度的地步，所以人和人的交往和理解简直是太难了，更不用说投入到相互怀抱中去的那种情感了。

《永别了，武器》出版后大获成功，不到一个月就销售了3万3千册。再过一个月后，销售量达到5万册，竟然没有受到当时正在开始的大萧条的影响。到了1930年1月初，连加印的两万多册也销售一空，真是盛况空前。随着销售量的猛增，评论界也一片赞扬之声。《纽约时报》的评论说："这个关于一位英国护士同一个美国救护队军官的恋爱故事，就其主人公的不幸遭遇来说，很像罗密欧与朱丽叶。它产生了巨大的艺术效果，堪称文学领域的新浪漫主义。"英美一些著名的文学评论家如马尔科姆·考利、阿诺德·本涅特、J.B.普里斯特利等以及《泰晤士报文学别刊》未署名的评论员都对此书评价甚高。甚至海明威曾攻击过的T.S.艾略特后来在有人说海明威冷酷无情又很感伤的时候，也在《标准》杂志上驳斥了这种说法，他说："弥漫在整个气候多变的美洲大陆的幻觉是关于冷酷无情的幻觉，甚至欧内斯特·海明威先生———位有着温柔情感和真挚情感的作家，就如在《杀人者》和《永别了，武器》中那样……也被当做了残酷无情的代表……海明威是一位我相当尊敬的作家；我认为他讲的是关于他当时当地存在的情感的真实情况。"在20世纪30年代的最初几年里，《永别了，武器》还被搬上了舞台和银幕。

电影业巨头大卫·塞尔尼兹克见了这本书如获至宝。他按捺不住心头的喜悦，花了400万美元，请了当时著名的明星詹妮弗·琼斯和罗克·哈德森担任男女主角，把这部小说搬上了银幕。

为了保存海明威的独特风格，

T.S.艾略特是英国20世纪具有很大影响力的诗人,出生于美国密苏里州圣路易斯。其祖父是牧师,担任过大学校长,父亲是商人,母亲是诗人,写过宗教诗歌。艾略特曾就读于哈佛大学,学习哲学和比较文学,接触过梵文和东方文化。黑格尔派的哲学家让他比较感兴趣,他还受过法国象征主义文学的影响。其代表作是《荒原》和《空心人》,作品集中表现了现代文明濒临崩溃,西方人希望渺茫、精神空虚的生存状态。

塞尔尼兹克请了他最信赖的编剧本·赫克特来改编,改编出来的脚本又经过反复修改,就这样还是不能尽如人意。

《永别了,武器》作为一部小说,最深刻的一点是把厌战思想推向极致。它发表于大战结束10年之后,那时对战争的认识、对战争实践吸取的各种教训及其消化,人们都有了一个深化的过程,所以小说在厌战思想上超过了那些"短平快"作品。小说中的人物,从军官到士兵,都是厌战的,盼望这场毫无意义的战争快快结束,使得亨利和凯瑟琳的悲剧不再发生,使得人人都能过上和平的幸福生活。

《永别了,武器》和其他反战作品在主题上是类似的,尤其是同《西线无战事》相似。德国小说家雷马克的这部小说也发表于1929年,与《永别了,武器》同为当年国际文坛最为热门的畅销书。《西线无战事》的题词说:"这本书既不是一种控诉,也不是一份自白。它只是试图叙述那样一代人,他们即使逃过了炮弹,也还是被战争毁灭了。"这同海明威"你们都是迷惘的一代"是相通的。年轻的一代期望和平与幸福而不得,于是失落、迷惘,心灵印上深深的毁灭感。

《西线无战事》对战场上血肉横飞的景象的描写非常突出,是其他反战小说包括《永别了,武器》在内所无法比拟的。这部小说写出了战争残酷和恐怖之最。海明威在这方面没有多少铺张,他把怨恨转移到帝国主义的战争宣传上。美国人在第一次世界大战开始时,抱着坐山观虎斗的态度,同时供应交战国双方的武器。当他们眼看自己的利益受侵犯时,便撕下和平的假面具,声言要"拯救世界民主",捡起"神圣""自由""光荣"等口号,把美国青年送到欧洲战场上去"磨炼"。海明威一代年轻人当时极为崇拜的英雄老罗斯福号召青年："目前，每一个优秀的美国青年都要在不利或者不完善的条件下尽自己最大的能力。如果他到了打仗的年龄，就应该让他尽最大的可能加入战斗的行列。红十字会的工作、青年会的工作、驾驶救护车的工作等等，虽然很不错，应该由不到服役年龄或不适合服役的人去做，由妇女去做。身强力壮、心灵健康的青年应当有自己的自由，加入战斗的行列，担任适当的工作。"海明威的小说主人公"担任"了救护队军官的任务，工作上尽职尽力，但目睹战场上毫无意义的杀戮之后，发现"什么神圣、光荣、牺牲这些空泛的字眼儿，我一听就害臊，我可没有见到什么神圣的东西，光荣的东西也没有什么光荣，至于牺牲，那就像芝加哥的屠宰场，不同的是肉拿来埋掉罢了"。

海明威不同于雷马克的一点还在于：他没有把希望寄托在战后的和平生活上。他认为，战争不仅毁灭了人的幸福，也使人感到这个世界不能为人类提供任何幸福。在他看来，人好比"着了火的木头上的蚂蚁"，"有的逃了出来，烧得焦头烂额，不知往哪里逃才好。但是多数都往火里跑，接着掉过头来朝尾端逃，挤在凉快的顶端，最后还是烧死在火里"。在这"世界末日"面前，再好的人都免不了一死，"世界杀死最善良的人、最和气的人、最有勇气的人"。于是，海明威小说中的人物选择了逃避这个世界的道路。既然做什么样的人都一样，他就与战争"单独媾和"，去追求看得见、摸得着的个人幸福。但是这个世界也没有放过他，他心爱的人好容易躲过战争，却死于难产。作者的失望情绪，矛头所指不止是战争，而且是导致这场战争的资本主义文明。有的批评家指出，海明威这种情绪与T．S．艾略特当时的悲观情绪是相通的。

海明威在《永别了，武器》中，不采用现代主义的手法。他在短篇小说中运用过的淡化背景、重复遣字、零度结尾等手法，没有在这个长篇里出现。他采取的是"故事情节虚构、细节描写真实"的创作方法，而为了贯彻厌战、反战的主题思想，他笔下的战争场面常常是撤退和失败。

这一点和《西线无战事》是一样的。在雷马克那部自传体小说中，保罗和他的战友们总是遭到攻击、炮轰，他们一个个得了"幽闭恐怖症""前线疯狂症""饥饿症""烧灼症"或者"精神失常症"，直到一班人都死光，才显得

"西线无战事"。

《永别了，武器》也是这样，"敌方"永远是厉害的、可怕的，"我方"老在败退。这是因为写打胜仗难以表现厌战情绪。

意军撤离卡波雷多发生在1917年，那时候海明威还在念中学，根本不可能知道这仗是怎么打的，这是他根据有关材料想象出来的景象。但是他写得这么具体，细节这么真实，就好像他当年真是身在撤退行列里，目睹一切。后来传说他不但参加过一次大战，而且还打过仗，就是起因于这些描写。读者常常把作者的想象与作者的经历混为一谈。

有一些批评家指出，海明威写意军卡波雷多撤退是模仿法国作家司汤达在《巴马修道院》里的法军败退滑铁卢的写法。其实它们是不相同的。《巴马修道院》的主人公法布利斯·含尔·唐戈是一位幼稚可爱的小青年，他渴望参与战争，昏头昏脑地闯进兵败滑铁卢的法军行列。还有，司汤达采取十九世纪小说"历险记"式写法，使主人公经历被捕、出逃、躲藏、受伤等遭遇，最后安全地返还故乡。司汤达的写法充满滑稽、可笑、巧合等喜剧色彩，与海明威凄风苦雨式的败退毫无共同之处。

※文坛硬汉海明威

在这两部小说中，有一个细节极为相似：司汤达笔下的"好战"青年唐戈因为有外国口音被法军当成奥地利间谍；而在《永别了，武器》里，亨利因为有外国口音被意军当成德国间谍。海明威也许是"模仿"这个细节，但在后一部小说中，这个细节不但自然贴切，极具艺术说服力，而且关系到全书的主题；主人公如不被怀疑为间谍，他就不会"单独媾和"，也不会逃亡瑞士。一个受他人启发或者影响的艺术意象只要是本身需要而不是另外贴上去的，它就具有创作的价值。这也许就是海明威所归结的：你要模仿大作家，但必须模仿得非常隐蔽，让人觉得这是你的独创。

# 斗牛与狩猎

**小**说《永别了，武器》发表的时候，海明威和
波琳还在欧洲。转眼之间又到了1929年的岁
末，他们决定回基韦斯特岛去，那里阳光明媚、鲜
花盛开的幽静环境吸引着海明威。他们于1930年1
月回到基韦斯特岛，从此以后，这里便成了他们的
基地，在到全国各地、世界各地去周游以后，他们
总要回到这里歇息。开始他们还满足于租房住，后
来在1931年春天，慷慨的格斯叔叔赠送了他们想要
的东西——波琳在怀特海街907号看上的一幢二层
楼的西班牙殖民时期的大房子。它是1851年由当时
一个富有的建筑师和航运业大王建造的，是岛上最

※基韦斯特岛

古老的建筑物之一。房间里的天花板很高，拱形的窗户是法国式的，阳台很宽敞，草木茂盛的热带花园里长着各种各样的法国式的无花果树和菩提树。房子里的装饰都显得古色古香。但是房子已很旧了，许多地方还需要装修一下。到岛上来看望波琳的格斯叔叔花了8000美元把它买下来，送给侄女。

1931年12月19日，他们正式迁入这幢房子。这时候，波琳刚生下第二个儿子格里高利不久，这回还是剖腹产。为了把这幢老房子改造得舒适些、漂亮些，海明威亲自动手，整天都同房子的装修工、木匠、电工、管工等打交道，着实忙活了一阵，把房子装饰一新。他们把停车房的二层和仆人房间改建成一间书房，用狭窄的过道把它和主屋连接起来，还配备了浴室和简单的家具。书房里有百叶窗、红砖地、书架、藤椅、西班牙式圆形写字台等等。海明威还用在各地打猎的战利品装饰他的书房。他感觉这是一个非常理想的创作场所。

海明威搬进房子以后不久，完成了他的另一本书《午后之死》。这是英语世界中一本关于斗牛的研究经典，它对以后有关这一主题的作品和著作都有影响。

海明威从1923年头一次见到斗牛到《午后之死》出版为止，已有七次去西班牙观看斗牛的经验。

从第一次海明威带哈德莉去西班牙看斗牛起，他就迷上了看斗牛表演。他到斗牛场去就是为了再次获得生与死的体会。

在他看来，斗牛不是运动而是艺术，精彩的斗牛就像芭蕾舞一样优美。场地的布置有规定，三个阶段的行动有规定，斗篷的用法也有规定，而且像芭蕾舞的五个标准姿势一样严格，不过动作更富于变化，死亡就掌握在勇敢的公牛的威力或者斗牛士细巧灵活的手腕威力之中。

精彩的斗牛不是运动而是一出悲剧。其中所有的角色，包括骑马斗牛士、短扎枪手斗牛士以及头号主角公牛，都必须有技巧、有美感、有勇气扮演各自的角色。

谁都不会否认，安东尼奥·奥东尼兹的确是个很不错的斗牛士，尽管称不上独一无二，也算得上斗牛场中的佼佼者。

拙劣的斗牛士也是有的。

一次斗牛时，张皇失措的公牛兜着圈子狂奔，把斗牛士严重抵伤了。

一个游客说："为公牛欢呼吧。它终于胜利了！"

然而看台上的斗牛迷们却怒不

可遏，纷纷发出嘘声。他们认为那是一场同拙劣的公牛表演的拙劣的斗牛，那种公牛杀了来吃肉也不好吃。

还有一场是新手与小公牛的表演。

斗牛士身穿租来的绚丽服装，显得倒还英俊。他们呆板地走到主持人的包厢前，请求宣布开始。

阵势已经摆开，看台上的观众各个激动不已。

小公牛仿佛意识到对手缺乏经验，神情有些紧张。它一次又一次地发起猛攻，但不是冲向斗牛士手上的红绒旗，也不是冲向斗牛士披的棉布斗篷，而是扑向了斗牛士本人。观众哗然。这头小公牛没有表现出斗牛的英雄气概，饲养它、调教它的人应该受到责难。

紧接着，小公牛把它那颗巨头猛地朝上一甩，便将斗牛士从地上高高举起，还不停地把他从右角抛到左角，再从左角抛到右角。

被牛角戳伤的斗牛士扑通一声倒在地上，人事不省。

助手们赶忙奔过来把公牛引开，医护人员把鲜血淋淋的斗牛士抬出场外。他身上的黑色紧身裤从腹部一直撕到大腿，露出了一条长长的乌紫烂红的伤口，鲜血直往外冒。

观众责骂不休，不但公牛没有训练好，斗牛士的技艺也很拙劣。

这样的斗牛实在令人扫兴。

海明威不但喜欢看斗牛，他还在潘普洛纳亲自上过阵，斗过牛。不过他勇敢有余，灵活不足。他膀大腰圆，与其说是像个斗牛士，不如说是像部推土机。

"那头混蛋的公牛简直像是用钢筋水泥铸就的。"他说。

毫无疑间，斗牛的时间不长，而且是以他受伤告终的。但是海明威从中得到了感性知识，看到了重达一吨的公牛猛扑过来的凶相，看到了牛嘴和鼻孔滴出的黏液，还听到了公牛野蛮地用蹄子刨沙子的声音以及牛受伤后发出的哞哞叫声。

海明威针对一般人认为斗牛太残酷的想法，首先提出什么叫"道德"的问题。他说："所谓道德，我只知道你事后感觉好的事情就是道德的，而你事后感觉不好的事情才是不道德。根据这个标准（我并不坚持去捍卫），斗牛对我来说是道德的，因为在斗牛的过程中，我感觉非常好，感觉处于生与死之间，处于难免一死与人生无限之间，斗牛结束之后，我感觉非常地难受，又感觉非常好。"所以，海明威再三说明这项已经有千百年历史的古老的民间活动不仅是一种运动,而且是一种悲剧,总之,海明威对于斗牛活动始终是用赞美的笔调加以颂扬的。

《午后之死》出版后,被誉为是关于斗牛的最优秀的作品之一。在西班牙有一些不同的看法,因为海明威对于历代和当时的各类斗牛士有所褒贬,有的与当地批评家意见不一,这也是正常的现象。

问题出在一些英美批评家对西班牙斗牛的看法与海明威根本不同,于是这本书遭到一大堆批评。其中用语最尖刻的是美国批评家麦克斯·伊斯特曼。这个批评家早年相信共产主义,支持过十月革命,后因政见不同,脱离美国左翼阵营,但作为社会批评家还是有影响的。他于1922年在日内瓦召开的国际经济会议上认识了海明威,作为老记者还帮助过海明威。应该说他们两人是朋友。但是在斗牛问题上,他的看法与海明威不同,在1933年6月号的《新共和》上发表《午后之牛》一文批评海明威的《午后之死》。没有想到这篇文章引起美国文坛一场有名的武斗。

伊斯特曼认为,斗牛是一种"屠杀",许多人骑在马上刺一头公牛,公牛无缘无故受折磨,最后死于斗牛士手下,何来"艺术"?

伊斯特曼的批评态度似乎有点尖刻,尤其是最后一句话:"往胸脯上粘假毛的文学风格。"

本来海明威并没有注意到这篇文章,也是他的朋友麦克利什爱管闲事。他看了伊斯特曼的文章之后,便给《新共和》写了一篇反批评的文章,陈述他的朋友如何勇敢,不是胆小鬼,还指出伊斯特曼"往胸脯上粘假毛"这种说法是暗指海明威没有性功能。《新共和》编辑部认为伊斯特曼没有攻击海明威性能力的意思,不予发表。麦克利什便把伊斯特曼的《午后之牛》和自己的退稿一并寄给海明威过目。海明威果然大怒,他给《新共和》写了一封公开信,要求伊斯特曼充分评价"我海明威的性能力问题",还写信给自己的责编潘金斯,大骂伊斯特曼是一头"猪",见了女人"动手动脚","政治上朝三暮四",说自己有朝一日要狠揍他一顿。

伊斯特曼见事不好,先给麦克利什写信,说根本没有批评海明威性能力的意思,又在《新共和》发表公开信,说他"从来没有怀疑过海明威的男子气概、勇敢等等方面",还列举海明威勇敢的行径。海明威认为伊斯特曼是事后"拍马屁",不予搭理。

四年之后,两人在潘金斯的

办公室相遇，发生了武斗。据事后各方说的情况来看，基本事实大概是这样的：那年8月海明威去欧洲路过纽约时，顺便去探望一下出版公司的潘金斯。进了潘金斯的办公室，见伊斯特曼也在里面坐着。两人寒暄几句之后，海明威就解开自己的衬衣，让他们两人看看他满胸脯的毛，两人哈哈大笑，接着海明威上去扯开伊斯特曼的上衣，露出他的胸脯光滑无毛，用潘金斯的话说，"像秃顶的葫芦瓢"，三人又哈哈大笑。突然之间，海明威火气上来，责问伊斯特曼为什么说他性功能欠缺。伊斯特曼否认，见潘金斯桌上有一本《艺术与行为生活》(1934)，其中收有他评论《午后之死》一文，便拿起来递给海明威，说你自己看，我有没有这样说过。海明威翻了一翻，就将书扔到伊斯特曼脸上。伊斯特曼也不示弱，立马冲了上去，两人倒在地上扭打起来。潘金斯吓坏了，他知道海明威身强力壮，又比伊斯特曼小16岁，生怕伤了伊斯特曼，急忙起身，绕过办公桌，去拉压在上面的人。潘金斯是近视眼，俯下身去，才见到被压在下面的竟是海明威，因为他正仰着脸。

这件事轰动了纽约文坛。三天后消息传出，纽约各报纷纷报道，但版本不同。《先驱论坛报》引用伊斯特曼的话说，他同海明威在潘金斯的办公室摔跤，把海明威扔过潘金斯的办公桌，死死地压着他，要不是潘金斯求情他才不放手呢。海明威赴欧洲前向《时代》报记者发表了声明，他说只打了伊斯特曼一记耳光，因为看他年龄大了，饶了他，真要动起手来，他能把伊斯特曼从窗口扔出去，扔到第五大道上去。"他像女人一样，伸出手来抓我，我挡着他"，"我一直在笑，跟他说，'麦克斯啊，你要年轻十岁，我能把你揍死'"。

纽约报刊对此兴趣很大。据专栏作家达蒙·鲁宁报道，仅威切斯特一个县就有六位姑娘因未婚夫胸脯没有毛而解除了婚约。《纽约佬》发表一幅漫画，画一个男人正在检查身体，胸脯上都是毛，旁边坐着一位大夫，题目是："作家吗？"

这件事反映了海明威的自我感觉极好。他自认为是大作家、名气大，于是脾气更大，谁也不能碰他，他听不得批评意见。他的好朋友菲茨杰拉尔德、多斯·帕索斯乃至麦克利什都觉得他变了，与他交往中，他言语之间随意伤人，毫无顾忌。司各特·菲茨杰拉尔德创作不顺，心情不快，于1936年写了一篇自白《崩溃》。海明威以居高临下的口吻对他表示怜悯。但深知海明威为人的菲茨杰拉尔德说："他的内心像我内心一样，也是神经上垮了，只是表现不同。我是忧郁，他是妄想、自大。"这一次，潘金斯写信告知海明威同伊斯特曼打架的消息后，菲茨杰拉尔德说"这正是海明威会干的蠢事"，因为"他现在完完全全封闭在他自己的世界之中，我同他再亲近也不可能帮上忙"。

基韦斯特虽说是个小渔村，人们生活懒散，但是也有很多活动。这里有海军，有巡逻的船只，还有帆船，捕虾船。在海关官员和移民局工作人员中，在领事、作家、议员和其他名流中都有海明威的朋友。

他很忙，他什么事都要过问。他是一个追求乐趣和写下乐趣的人。

因此，对于海明威这样的人来说，妻子和儿子都拴不住他。世界何其大，世界上还有多少事物有待去探索！而且作为作家，仅靠出版几本书是不成的。

海明威又动心了。

这一次他想去非洲。

他写信给斯克里布纳出版公司的主编潘金斯，提出了他的想法。

潘金斯已是他的老搭档了，他已经为他出了好几本书，他了解海明威。麦克利什很快给海明威回了信，鼓励他去作这次非洲之行，希望他根据此行写出一部从中可以闻到、可以尝到、可以感觉到真实的原始生活的作品，还随信给他寄来一笔预付稿酬。

波琳对这次旅行不很热心。这一去要离开两个儿子四五个月之久，当母亲的实在放心不下。另外，关闭住宅的繁重任务也势必会

❈年轻英俊的海明威

压在她的肩上。

海明威仍一如既往，喝酒、捕鱼，捕鱼、喝酒，对于出行的准备工作他不但帮不上一点忙，还时不时给波琳添点乱。

眼看第二天就要动身了，波琳忙着收拾行装。她已经安置好两个孩子。

他们先去了法国。

1933年11月，他们离开马赛，到达非洲。圣诞节前夕，他们组织好了汽车旅行队，从蒙巴萨出发，朝穆通博挺进。

这时正碰上大群野兽迁徙，遍地都是，起码有三万多头。有羚羊、大羚羊、红羚羊、瞪羚、豹子、猎豹、鬣狗，还有被称为兽中之王的狮子。仅仅在第一个星期，他们就发现了48头狮子，还打死了四头。至于羚羊之类的野兽，他们不费吹灰之力就捕了不少，光海明威一人就打死了35只鬣狗。

海明威总喜欢把写书比做打狮子，打着了一头就瞄着下一头。现在他是真在过打狮瘾了。

他们在塞伦尼亚河畔安下营寨。

这个旅行队里有黑皮肤的土著人做向导，还有经验丰富的白人猎手当助手。穆科拉和查德就是其中的两个。

砰！砰！两声枪响，一头大雄狮倒在地上死了。它撞在了海明威的枪口上。还没等海明威表达出胜利的喜悦，另一头狮子威武雄壮地猛冲过来。海明威浑身直冒冷汗，心想这下完了。可是那家伙猛一转身，大踏步往其他地方走去。穆科拉的枪口一直对着那头黄褐色的野兽。

"伙计，你太不够交情了。"海明威用汗水湿透的手帕擦了把脸，松了口气，说道，"要是那家伙真的上来一口咬住我的喉咙，你也不肯帮个忙开一枪？"

穆科拉咧嘴笑了起来，露出了满口整齐的白牙。他说："海明威先生，狮子是不扑人的，它跟豹子不一样。"

海明威反唇相讥说："好一个聪明的猎人！也许你知道这是事实，难道狮子也知道？"

穆科拉和他的猎手同行们都有一个约定俗成的规矩，不到千钧一发之时是不肯开枪的。为此，海明威受了好几场虚惊。他们受到过鳞皮犀牛的袭击，还有两头"巨大的、畸形的、古代猛兽似的、满身扁虱的"大象以雷霆万钧之势向他们扑来，一头肮脏的野牛险些扑住海明威，但是穆科拉和查德都没有开枪。

最难打的是豹子，最危险的也是它。

"受伤的豹子总是要反扑的。豹子是我们常打的五种野兽中最危险的一种。"查德说着还把他胳膊上的伤疤指给海明威看。

当时，查德还没来得及放枪，豹子就扑过来了。它一口咬住他的胳膊，还竭力想咬他的喉咙。

刚成年的查德身强力壮。他明白，与豹子搏斗就是与死神搏斗。他同豹子厮打起来，然后把它按倒在地，用膝盖把它的肋骨一根根顶断，最后顶碎它的胸膛，才化险为夷，救了自己。

既然打豹子最危险，也就最有刺激，所以海明威要打的正是豹子。打豹子跟打狮子不一样。引诱狮子可以拖来一匹斑马或者其他野兽的尸体，挂在显眼的地方，但是，又不能挂得过高。豹子比狮子挑食，它常吃的是羚羊或狒狒。它把它的猎物咬死后就拖到树上去吃个饱，然后把吃剩的东西放在其他动物够不着的树枝上，然后它就在附近躺下睡觉，好让座山雕这样的猛禽也不敢靠近。因此，打豹子所用的诱饵要让豹子看了上当，非得有一定的功夫不可。动物尸体要挂在树上，要能让豹子路过时闻到气味，又要让座山雕无法抢先啄食。

而且，最重要也是最困难的一点，就是要完全掩盖掉人的气息。好在海明威有那么几个有经验的助手。在他们的帮助下，海明威顺着一条小溪挂了一排瞪羚的尸体。

第三天刚破晓，海明威就带上穆科拉去查看他们布下的诱饵。

他们的计谋奏效了。一只豹子正懒洋洋地趴在树上啃吃瞪羚。海明威举着枪慢慢向前逼近。豹子或许嗅到了人的气息，也或许听到了树叶在脚下的碎裂声，只见它的尾巴开始紧张地抽搐起来，一双发光的黄眼睛狠狠地盯住这个举枪过来的白人猎手。海明威瞄准了，一个手指头扣在了扳机上。

"海明威先生，别开枪！放过它吧，它太小。以后我们会发现大豹子的，要大得值得人去打才行。"穆科拉低声在他耳边求情。

不知怎的，海明威鬼使神差地听信了他的话。他放下枪，让那只豹子在他的眼皮底下溜走了。

穆科拉呀穆科拉，事情坏就坏在你身上。

一天黎明时分，在肯尼亚的森林里，穆科拉突然蹲下身子，在肮脏的地上仔细看了一阵。他用斯瓦希里语和另外几个伙伴激动地说了些什么，然后奔到海明威面前，用双手比画着那只豹子的足迹有多大。他的眼珠子骨碌碌直转，激动得连话也说不清楚。

"海明威先生，大豹子！足印！这么大！"他说。

海明威为之一振。

他打死了一只斑马和一只瞪羚，和助手一道挂在相距很远的两棵树上。他们又沿小河往前走去，穆科拉打死一只狒狒，把它挂在峡谷里一棵带刺的树上。他相信豹子会经过那里到小河边喝水。

此后他们悄悄撤退了。一路上没有人撒尿，没有人拉屎，也没有人把手帕或别的什么扔在那里，也就是说，他们没有留下任何散发出人味的东西。

第二天，天刚蒙蒙亮，海明威就起来把他的那帮伙伴捣鼓醒，坐上狩猎汽车向放置诱饵的方向进发。

大豹子的爪印清楚地印在潮湿的地上。豹子是朝挂斑马的方向去的。海明威开始沿着豹子足印追去。

快到挂斑马的地方，海明威举起双筒望远镜看了看。斑马的左腿没有了，剩下的部分比原来挂得更高，角度也变了。海明威和两个助手下了车，悄悄走到头天草草搭起的隐蔽所后面。按照惯例，豹子应该就在附近。

"真的在那里！"穆科拉轻轻地说，随后又不无胆怯地补充道，"好大一头！是一只顶顶大的豹子！"

海明威向前爬了几英尺。他透过深深的野草看见了豹子机灵的耳朵，豹子就站在挂有诱饵的树下。显然，它已经察觉敌人逼近了。海明威跪立着拉开保险，瞄准猎物的胸口扣动了扳机。

枪声响彻了整个树林。

豹子不见了。

伙伴们齐拥上来，问："打中了吗？"

海明威拿不准。他说："我是瞄准了它的胸口才开枪的，就是不知道是不是野草把子弹碰偏了。"

※豹子

穆科拉犹如自己受了伤似的叹息不止。

"海明威先生，"他说，"刚才那只豹子是尾巴朝着我们的呀！"他指指喉咙又说道："你瞧，子弹要打到这里才行。"

因此，在这一天里大家都感到很难过。狩猎队的伙伴们感到懊丧极了，穆科拉甚至难过得痛哭起来。那只大豹子，他平生见到的最大的一只豹子竟这样给白白放跑了！它再也不会回到诱饵旁了。前功尽弃不说，要是豹子受了伤，那它就要发怒，就要来报复。这样一来，就有人要遭殃了。作为海明威的朋友和老师，穆科拉认为这事关系到自己的名誉，坚持陪着这位"海明威先生"回到隐蔽所，寻找那只失踪的豹子。

他们久久埋伏在那里，不管酷暑难当，不管舌蝇叮咬，也不管夹子像草剪一样厉害的大黑蚂蚁夹。

有四只鬣狗伸起三角脑袋，从深草丛中走了出来闻着挂在树上够不着的斑马肉，急得围着树干直打转。一群群橘红色的长尾鹦鹉闪闪而过，飞向小河边。一群纰角鹿吃着草姗姗走过。唯独没有豹子的踪影。

海明威和穆科拉闷闷不乐地回到营地。

他们并不死心。第二天早晨，他俩又去到那里。另一只豹子吃了那只瞪羚，还有一只豹子把挂着的狒狒吃了一半。但是斑马肉还是没被动过。

这天天黑以前，他俩再一次返回隐蔽所。

围着树转的鬣狗增加了好几倍。它们够不着那块开始发臭的斑马肉，愤怒地围着树直绕圈子。舌蝇如乌云般飞落下来。无数大蚂蚁出动了，正在等待时机。海明威按捺不住了，气得抓耳挠腮，大骂自己不中用。穆科拉像睡着了似的一言不发。

突然，一阵紧张气氛袭来。鬣狗们全夹着尾巴溜走了，鸟儿也变得悄然无声。

那只豹子来了！

穆科拉顿时紧张起来，陡地变得和那豹子一样清醒。

海明威跪倒在地，托稳猎枪。

那豹子机敏得很，两只耳朵紧张地抽搐着。它走到树旁，朝诱饵匆匆看了一眼。海明威不失时机地对准它胸口开了枪。只见那豹子一头栽倒在地，像只刚杀死的鸡那样乱踢乱蹬。不料，那家伙又突然站起身来，落落大方地隐没于深草丛中。

"我是打中了它的呀！"海明威叫道。

"海明威先生，"穆科拉向他解释说，"这回你是真的打中了，但是豹子有几条命呢，它是靠另一条命逃走的。这下子要是它死了，鬣狗会把它吃掉。弄不到豹皮，也就没有战利品。要是它不死，我们恐怕就有危险了。"

听了这话，海明威觉得头皮发麻。

他前面的草丛里发出一阵声响，那是豹子准备袭击人时发出的怒吼。

黑皮肤的伙伴们一个个不自觉地往后退。黑暗的夜幕下，每一个影子都像是那只受了伤的大豹子。

忽然有人看见那只豹子在草丛的另一边趔趄前行，接着它就像被渔钩挂住的旗鱼那样可怕地扭动了一下，停住了脚步，一头栽下，倒地死了。

"它死啦！"穆科拉大声嚷了起来，"那只最大的豹子死啦！"

伙伴们把海明威抬起来扛在肩上。

带有余温的死豹子则被装进了狩猎汽车。

海明威的狩猎探险到此并没有画上句号。他还深入到非洲大陆，直达雅伦戈罗火山以南的裂谷省和马尼亚拉湖地区。

海明威的这次非洲之行硕果累累。他不仅猎了狮，猎了豹，猎了许多大大小小的野兽，还因此写出了《非洲的青山》《乞力马扎罗的雪》和《弗朗西斯·麦康伯短暂的幸福生活》等脍炙人口的作品。

在《非洲的青山》中，海明威对他的同时代人，对当代美国文学提出自己的看法。他不是全面评估美国文学现状，而是对美国文学创作存在的问题提出批评。

他认为金钱的诱惑是文学创作的一大障碍。作家是不应该为钱而写作的。"虽然好作品终究会赚钱，可是作家去挣钱是危险的事情。我们的作家挣了几个钱，提高了生活水平，这就麻烦了。他们只好为了维持家业、养活老婆等等去写作，这就坏了。"这里，海明威把写作比做打井水。井水是创作的源泉，井里有水，创作就顺利。井里本没有水，但作家为了挣钱，非要把水抽干，等于写作时缺乏真情实感。没话找话说，勉强编造出一些故事来，"这就越写越坏"。

这里海明威暗指他的朋友司各特·菲茨杰拉尔德。菲茨杰拉尔德发表了《了不起的盖茨比》之后名声大振，生活也越来越奢侈，他的美丽的妻子泽尔达又是一位挥霍成性的女人，菲茨杰拉尔德正常的写作难以维持他们的消费，于是粗制滥造，写了不少专为赚钱的短篇。海明威认为这毁了他的才能。海明威在《不固定的圣节》中回忆他在巴黎如何在苦日子中练习写作，是一个很好的对比。

海明威认为，对于创作造成另一个妨碍的是批评。有些作家过于相信批评家的话。"批评家说他们伟大，他们就相信（自己伟大了），批评家说他们写得很坏，他们就失掉信心"，"批评家说他们写的是杰作。它们当然不是杰作，它们只是好作品。所以现在他们根本写不出东西来。批评家使他们丧失了写作能力"。

海明威认为作家应该有其独立的品格，不要受批评的左右，这个意见无疑是对的。从某种程度上讲，理论批评往往有它的风尚或者有什么利益驱动，作为独创性的作家不应当受它的影响而要走自己的路。但是他对批评采取一概抹杀的态度也是偏激的看法。批评在相当的程度上负有指导创作的责任。批评家不会创作，正如美食家未必会做菜一样，可是他们能够品出味道的好坏，供厨师参考。当初威尔逊说海明威笔下的形象"像戈雅的画一样鲜活、优美"，"像是用针刻在钢板上"，也批评他没有必要用小字来写标题的头一个字母。海明

威听了不是十分高兴吗？不是听从威尔逊的意见，抛弃了现代派的小花招吗？但是，同一个威尔逊后来批评他走下坡路，他就非常不满，对有的批评家甚至报以老拳。这说明海明威不是不重视批评，而是发展到后来，只能听好话，不能听坏话。随着名气增大，脾气更大，所以对批评采取如此偏激的态度。

按海明威的见解，他的同时代人，也就是活着的作家，似乎没有一个杰出的。他说，"活着的作家多数并不存在。他的名声是批评家创造出来的。批评家永远需要流行的天才，这种人的作品既完全看得懂，赞扬他也感到保险，可是等这些捏造出来的天才一死，他们就不存在了"。他的意思是说，批评家常常过高地估计作家和作品的成就，甚至吹捧过分。

要"同死去的作家比高低"，也就是要超越优秀的古典作家，这对于作家来说是一个很高的标准。海明威说得不错，你不和时间比赛，你怎么能知道自己"可以达到什么速度"呢？那么，海明威觉得自己到达"什么速度"了呢？他后来在给友人的一封信中是这样给自己定位的："我先干屠格涅夫先生，不难干。再试试莫泊桑先生，我用四篇最好的小说打他。他被击

败了，他要是还健在，他自己会明白"，"亨利·詹姆斯先生呢，他一揪住我，我就压了他一下，接着马上朝他没肉的地方给了他一拳，就叫裁判停止比赛吧"，"练习的时候，我倒很高兴到塞万提斯家乡去，跟塞万提斯先生干它20个回合，揍得他屁滚尿流"。他还"希望同麦尔维尔先生和陀思妥耶夫斯基先生较量一番。请这两位一块儿上，他们跑不快，我跑在他们前面，扬他们一脸尘土"。

海明威很乖巧，用的是拳击的行话，意思是明白的，但万一说漏了嘴，他又可以说比喻没有不跛足的。照他的估计，他的历史地位高于屠格涅夫、莫泊桑、亨利·詹姆斯、塞万提斯、麦尔维尔和陀思妥耶夫斯基。他在给福克纳的信中提到"你跟我都可以同福楼拜打"（1947年7月23日信），但未说谁胜谁负。他承认唯一害怕的是两个人，一个是莎士比亚，一个是托尔斯泰，因为他们的确是"冠军"。

他这样自我定位是不是符合实际情况，很难作出判断，但是有一个很重要的问题被海明威忽略了。作为一个艺术家，你不论是想超越同时代人，还是超越古典作家，首先要超越的是你自己。就海明威的情况来说，他并不是永远在走上坡路，有时候他有点滑坡，有时候还有败作，还有的时候他的主题思想变了，但形式和风格没有随之而变。可是他从来没有意识到要超越自己，下一部要超越上一部，要有所变化，要有新的开拓……人不可能一生下来就是天才，不论干什么行业，总是逐步前进的。

他在《乞力马扎罗的雪》中不仅写受奢侈的生活诱惑、壮志未酬的作家，而且还写这样的作家的死。嗅到哈里腿上臭味的大鸟和鬣狗象征着死亡，像阴影一样跟随着哈里，而随着疼痛的麻木以至消失，哈里对死亡也不再恐惧。哈里走向死亡的心理历程最后是这样记载的：他在幻觉中、在他似醒非醒的早晨，他看见飞机来接他了，他被抬上飞机。飞机起飞，朝下望去，一座座森林、一个个深谷、一片片平原掠了过去，飞过崇山峻岭，哈里极目望去，看到"整个世界那样宽广无垠，在阳光下显得那么高耸、宏大，而且白得令人不可置信，那是乞力马扎罗山的方形的山巅。于是他明白，那儿就是他现在要飞去的地方"。

这一段文字很奇妙，用的是罗马体，不是斜体，是写实的叙述文字，一切似乎真实地发生过或者发生着，及至最后由实变虚，成了对极乐世界、终极归宿的礼赞。之后接着写帐篷里，海伦喊她的丈夫，哈里不应，"没有回答，也听不见他的呼吸声"。描写由虚变实，读者明白，哈里没有等到飞机来接就去世了。

另一篇非洲小说《弗朗西斯·麦康伯短暂的幸福生活》不仅是海明威最优秀的小说之一，也是20世纪的短篇杰作。故事是这样的：主人公麦康伯在非洲打猎，一次追捕一头受伤的狮子，但被狮子吓得逃跑，成了"胆小鬼"。他受了妻子玛戈羞辱后突然变得勇敢起来，第二天面对受伤的公牛毫无惧色，但他在朝着冲过来的公牛射击时，他妻子从背后一枪把他打死了。主人公勇敢时感到幸福，可惜这幸福如此短暂。

这个故事有它的原胚，那是向导潘西沃告诉海明威的发生在20世纪初的一件丑闻。1908年初，英国人勃立斯夫妇来非洲作狩猎旅行。当时陪同的狩猎向导名叫J．H．佩德生，他原是一名工程师，参加过1899至1902年间发生的布尔战争，战后得了个荣誉中校的称号，任英国东非领地高级狩猎督察的职务。他带领勃立斯夫妇和狩猎队从内罗毕北上，深入尚未开发的地区。5月份有消息传到英国，说是勃立斯先生手枪走火，头部中弹，当场死在帐篷里，勃立斯太太伤心欲绝。英国有关当局认为事情严重，派人进行调查。当地土著人透露了几点：勃立斯先生腿部脓肿，有时躺在担架上去狩猎；勃立斯太太十分能干，打到过狮子、犀牛、大象等等；勃立斯先生同佩德生中校吵过架；勃立斯太太有一天晚上睡在佩德生帐篷里，她清早回去后有人听到勃立斯夫妇谈了几句话，接着就是一声枪响，勃立斯太太跑了出来，说是丈夫自杀了；土人进去看过，确是自杀无疑。还有一个重要情况是，勃立斯太太和佩德生掩埋了勃立斯先生尸体之后，勃立斯太太就住进佩德生的帐篷，他们没有马上回内罗毕，而是继续北上打猎。

※年轻的海明威

## 第三次婚姻

**西**班牙内战把海明威和另一位女人——玛莎紧紧
地联系在一起，却使波琳难以忍受被抛弃在佛
罗里达南部一个小岛上的孤独。为了能经常见到她
的妹妹吉尼，以便更多地交流对海明威的看法，她于
1938年秋天在纽约租了一套公寓，这样，离自己的妹
妹近了，波琳多少感到一种安慰。吉尼为了排遣姐姐
心中的烦恼，安排了许多活动让波琳参加。姐妹俩在
一起时还商量了如果海明威提出离婚，波琳应采取什
么对策。吉尼坚持要波琳在经济上制裁海明威。

海明威同波琳的关系几年前就已经预示了难以
弥合的裂痕。自1931年起，海明威就和梅森夫人（一
位美国泛美航空公司驻古巴经理的妻子）开始了一
段长达5年之久的婚外恋情。海明威为他们夫妻感
情出现问题找到的原因是波琳两次剖腹产以后他们
的婚姻生活不协调。现在他同玛莎在战火中建立起
来的恋情，比在基韦斯特岛平静的生活中维持同波
琳那种没有什么激情的生活当然要令人兴奋得多。
海明威从西班牙内战时期的最后一次西班牙之行归
来后，已在考虑同波琳分手的事情。但是，他们毕
竟在一起共同生活了十几年，还有两个孩子，要分
手也是一个很痛苦的过程，不可能当机立断，马上
解决。所以他尽量慢慢同她疏远。1939年2月，他
刚从西班牙回基韦斯特岛不久，就独自到哈瓦那住

了一个月。3月份因为邦比到基韦斯特岛度春假，海明威回岛上看了看儿子，4月份又回到了哈瓦那。玛莎前来同海明威相会，发现他住在安博斯·蒙多斯旅馆里，搞得乱七八糟，像猪圈一样。玛莎是个极其爱整洁的女人，她因为海明威成天邋里邋遢，不讲卫生而经常指责他，还说他是"猪"。当然，最初几年她将"猪"这个称号用在海明威头上是出于爱心，但是越到后来就越成为恶意的咒骂了。她决心要在哈瓦那找一所她在里面能自己做主的房子。有一次，她看报纸时无意中发现广告栏内提到有一处郊外的庄园式房产，它在哈瓦那东南12英里的三番·德·波拉村内。这是一座西班牙殖民时期留下来的平房，建在一座468英尺高的小山丘上，晚上可以远望哈瓦那城内灯火辉煌的夜景，所以叫"望山庄"。房子已经破败，周围死气沉沉地静躺着15英亩的土地。但是这个地方还是很有气派，客厅很宽敞，高高的天花板，花园里有各种树木，有一个被杂草覆盖的网球场，还有一个游泳池，尽管里面的水现在已经绿得可怕。海明威开始没把这个破地方放在眼里，但是玛莎觉得很理想，而且房租只要每月100美元，于是便租下了。玛莎自己掏钱请来了装修工

人，把房子装饰一新，还为海明威布置好了一间专门的工作室。海明威发现房子全然改变了模样，不禁欢喜万分。他把他打猎得到的战利品和收藏的现代绘画统统搬来布置在房间里。海明威在这个新环境里文思泉涌，长篇小说《丧钟为谁而鸣》在逐步成形。

7月、8月波琳和朋友一起到欧洲去旅游。海明威开车送玛莎到圣路易斯去看她的母亲，然后他又一个人开车到怀俄明去，于9月1日到达诺德基斯特的牧场，和约好在那里的三个儿子见面。半路上他还去看望了正在度假钓鱼的哈德莉和她的丈夫。在此之前不久，他曾给哈德莉写信，让她安排邦比到诺德基斯特的牧场和他相聚，还告诉她，他因为写小说写得很忧郁。波琳在欧洲玩得很开心，刚回到纽约就打电话给在牧场的海明威，说要飞过去和全家团聚。可是她在飞机上得了感冒，而且发起烧来，等见到海明威的时候一副狼狈相，再加上她最喜欢的衣服放在箱子里染上了颜色，她伤心得哭个不停。海明威最不愿意看这种婆婆妈妈的样子，所以不但没有因为波琳在生病就心软下来，反而狠下一条心，决定从此离开她。他指责波琳使他背叛了哈德莉，认为她现在得到了报应。他

把一切都安排好，打发波琳和孩子们回家，自己去了爱达荷州的度假休闲地森瓦利，和玛莎相会。

这时候世界上正发生着惊天动地的大事，法西斯主义在世界范围内的猖獗引起人们的普遍关注。1939年9月1日，德国军队入侵波兰。9月3日，英、法两国分别向德国宣战，第二次世界大战爆发了。德军在波兰境内进军神速，到9月28日，已攻陷波兰首都华沙。玛莎是一个很关心政治的女人，面临这样的形势，她坐不住了。但是她受聘的《柯里尔》杂志却派她去苏联和芬兰的边境，报道那里的苏芬战争。海明威很不愿意玛莎离开，也许是海明威对这位尚未正式结婚的妻子过于留恋的缘故，玛莎的离开，使他甚至产生一种被抛弃之感。其实，玛莎去欧洲的时间并不长，她很快就回到了哈瓦那，海明威转忧为喜。

※海明威一家在海边

## 知识链接

法西斯（Fascist）本义是"束棒"，拉丁语fasces的音译，是一根被多根绑在一起的木棍围绕的斧头，在古罗马是权力和威信的标志。法西斯主义（Fascism）是一种结合了社团主义、工团主义、独裁主义、极端民族主义、中央集权形式的社会主义、军国主义、反无政府主义、反自由放任的资本主义、反共产主义和反自由主义的政治哲学。它可被视为极端形式的集体主义，《大英百科全书》对法西斯主义的定义：个人的地位被压制于集体——例如某个国家、民族、种族或社会阶级之下的社会组织。

海明威在玛莎回来之前先到基韦斯特岛上怀德海街的房子里，让人把波琳不要的所有东西如箱子、书籍、动物脑袋等都从房子里搬出来，寄放到"邋遢鬼"酒吧的老板那里，结果这些东西在那里一待就是20年，直到海明威去世后，他的第四任妻子玛丽才来把它们取走。11月4日，波琳在迈阿密提出的离婚要求得到了批准。两个多星期以后，海明威和玛莎在怀俄明州的夏延市结为合法夫妻。

# 二战中的“将军”

海明威在纽约等待玛莎期间，抽了一个下午的时间同《午报》的英格索尔谈了谈有关中国抗战的情况。等玛莎到达纽约之后，两人一起南下，在华盛顿稍加停留，向J．W.汤马孙上校汇报了远东的军事形势，然后到基韦斯特去看望他两个小儿子，接着回古巴瞭望山庄写作。

海明威夫妇在古巴待了三个月，就去美国西北部的太阳谷旅游、打猎。这次他打的是山谷里的羚羊。

美国大使布瑞顿同古巴总理商量后，同意海明威的反间谍活动网，授权他着手组织工作。5月中旬，海明威就组织好他的队伍，成员包括回力球队队员、神父、古巴渔民、码头工人和平时无所事事的流民，还有饭店的招待和流亡到古巴的西班牙反法西斯主义者。这支非正式的反间谍组织代号为“犯罪铺子”，后来海明威管它叫“骗子工厂”。情报有口头的也有书面的，先送进海明威的山庄，由海明威加以整理，然后他每周一次驱车去哈瓦那，先假装商人，再爬四楼送交乔依斯。

这个由各色人等组成的网是很松散的，把他们凝聚在一起的是海明威个人的魅力，各种敞开供应的酒加上古巴的钱币——比索。海明威呢，干得很起劲，因为这不仅表现了他反法西斯主义的精神，他借此还了解到一些"内部情况"，并从策划秘密工作中得到乐趣，因为带点冒险性。

5月份还没有过完，他又跑到美国大使馆提出另一条建议。他说他想把自己的"比拉尔号"游艇伪装成收集海洋动植物标本的考察船，而实际上是侦察德国潜艇的"猎潜艇"。他需要经过训练的船员，需要手榴弹、机枪、燃烧弹等武器以及通信装备。侦察的海域是古巴北部的墨西哥湾，往东一直可以达到加勒比海的巴哈马群岛。他说如果遇见纳粹的潜艇，"比拉尔号"就在50码外停泊，等它露出海面，猎潜艇就开足马力冲上前去，用机枪扫射，同时由投弹手将手榴弹扔向敌潜艇的舱口。海明威曾经把这个想法同海军情报处的负责人汤马孙上校谈过，上校表示怀疑，说："你必须有应急措施。"因为德国人没有这么笨，傻等着你把"装豆子的小口袋扔进小窗口"。海明威对这个回答很不满意，从此称他为"多疑的汤马孙"。但美国大使布瑞顿的想象力同海明威一样丰富，说海明威的计划虽然具有超级勇敢的成分，但并非完全不可行，于是破格为他提供必要的装备。

海明威立即招兵买马，从他最信任的人中挑选了八名船员。他自任艇长，又任命一个运动员为执行艇长，使馆送来一位机枪手，其余都用当地人，有水手、厨师、回力球队队员、忠于西班牙民主政府的流亡分子等。装备也陆续到位：鸡蛋箱里放手榴弹，机枪拆成零件，分装在口袋里，无线电台和小救生船也送到艇上。海明威把这个计划的代号称为"无友"，这是他山庄里的一只猫的名字，算是暗号。他抓紧训练战士，如使机枪保持清洁干净，以及扔手榴弹实习等等。"比拉尔号"6月开始巡逻。

令海明威失望的是，这工作非

## 知识链接

纳粹的称呼来自德语的Nazi。纳粹主义意译为民族社会主义，是第二次世界大战前希特勒等人提出的政治主张。纳粹主义的基本理论包括：宣扬种族优秀论，认为"优等种族"有权奴役甚至消灭"劣等种族"；强调一切领域的"领袖"原则，宣称"领袖"是国家整体意志的代表，国家权力应由其一人掌握；鼓吹社会达尔文主义，力主以战争为手段夺取生存空间，建立世界霸权；反对共产主义思想体系和社会主义制度，恶毒攻击马克思主义理论。

常辛苦但收效甚微。他只从电波里窃听到一些用德语说话的声音，但没有撞上过一条纳粹潜艇。不过，多年以后故事变了，海明威对记者霍契纳说："我们能发回关于猎潜艇位置的有用的情报。因为侦察到几艘纳粹潜艇的位置，它们被海军用深水炸弹炸沉，我们为此受到了海军情报部门的嘉奖，还得到了勋章。"可惜，没有任何人证和物证来确认这些故事的真实性。

海明威在身兼"特工"头子和猎潜艇"艇长"的同时，没有忘记写作。他编选了《战争中的人们》，收入历代迄今的战争故事，有虚构的，也有写实的，他还写了一万字左右的序言。此书那年10月出版后销路甚好。当时美国已向日本宣战，读者对历代战争故事饶有兴趣。

正是在这段时间，他同玛莎的关系出现了裂痕。玛莎不同于他第一个妻子哈德莉和第二个妻子波琳，她有自己的事业，热心于采访工作，空余时间还写小说。而海明威对于妻子的要求是以他为中心，为他服务。他手下的"特工"们常常在"总部"喝酒，其他的友人也不断来山庄小住，一天到晚都要招待宾客，家里吵吵闹闹，没有安宁的时候。事后海明威或嗜睡不醒或一走了之，由太太率领佣人们收拾残局。这一点，玛莎绝对做不到。她宁可自己坐船去加勒比海一带巡航采访，有时一走六个星期，回来后为《柯里尔》杂志写报道，不欢迎客人来打扰。而海明威却不是这么想，他抱怨玛莎经常出去采访，把他留在家里过单身汉的日子。这样两人之间免不了口角、相互挖苦、争吵。有一次去哈瓦那，他当众骂她小气，然后独自开着"林肯"车回山庄，把她扔在哈瓦那。另一次，海明威喝了酒，玛莎不让他开车，他用手背打了她一记耳光。玛莎控制车速，慢慢行驶，有意向沟里开车，把车撞到树上，然后自己走回家，把海明威一人扔在那里。

1943年夏，玛莎写完一部小说，去纽约定稿，然后去伦敦当记者。海明威一个人在山庄，抱怨偌大一个山庄像一座监狱。

熟悉他们两人的朋友们说："玛莎的才能与海明威的天才不易磨合。"

1942年末，罗斯福总统下令：海外一切反间谍组织及其活动统归联邦调查局领导。联邦调查局派了16个人来古巴，他们自然不把海明威的特工组织放在眼里。"骗子工厂"只好停业。"比拉尔号"侦察纳粹潜艇的海上巡逻收效不大，慢慢地成了海明威个人的航海活动。玛莎挖苦他，说他这个巡逻不过是领取机油的借口。玛莎走后，他酒越喝越多，有时用训练猫打发日子。令他高兴的是，他的大儿子邦比去欧洲当了黑人军警排的排长。

1944年3月，玛莎飞回哈瓦那，劝海明威去欧洲战场当记者，原来她已经同英国驻美大使馆的武官助理罗尔德·达尔联系好，请海明威去伦敦报道皇家空军的作战情况。海明威同意前往，于是迅速与《柯里尔》杂志签订合同，赶到纽约等待飞往伦敦的飞机。这次在纽约，他见到不少美国作家，其中包括约翰·斯坦贝克、约翰·海赛和约翰·奥哈拉。

玛莎等不及，于5月13日先行出发，她搭的是一条运炸药的船，船上只有她一个乘客。海明威等到5月17日才得到飞机上的一个舱位。他的行李非常简单，轻装上阵，像是去打仗。

这是海明威头一次来到伦敦。他的父亲和母亲的祖辈都来自英国，所以他有还乡之感。他向空军司令部报到，要求随机去欧洲大陆做战地记者。皇家空军掌管大约300名记者的新闻长官乔治·休斯顿来到旅馆拜访海明威，并带来一名中尉约翰·麦开丹姆，给海明威当向导。当时，盟军计划在欧洲开辟第二战场，空军正在待命。

海明威在伦敦待命期间认识了后来成为他第四任夫人的玛丽·威尔什。当时作家欧文·肖正同海明威的弟弟莱斯特一起在摄制纪录片。一次在饭店里，欧文·肖介绍他们两人认识。玛丽的丈夫诺依尔·蒙克斯是澳大利亚籍记者，不常在伦敦。玛丽当时36岁，1940年

## 知识链接

《TIME》（即《时代》周刊），是美国的一种时事性周刊。1923年3月由亨利·卢斯和布里顿·哈登创办。最初刊名为《事实》，后改用现名，由时代华纳公司在纽约出版，读者主要是中产阶级和知识阶层。该杂志内容广泛，对国际问题发表评论，对国际重大事件进行跟踪报道，影响力很大。《时代》周刊也是世界知名的品牌，它在全球拥有广泛的读者。《时代》周刊有美国国内版、国际版，以及欧洲、亚洲和拉丁美洲版，各版内容基本相同，占据着巨大的国际市场，成为宣传美国价值体系和生活方式的最好载体。

起在《时代》《生活》和《幸福》等杂志驻伦敦办事处工作，她研究分析政治、经济资料，为三大杂志提供背景材料。海明威对她一见钟情，此后不断追求她。

海明威在这段时间里接到的宴请不断。一天去卡珀家赴宴，大家边聊天边喝酒，还在厨房里拳击，一直玩到半夜三更。一位医生主动要求开车送海明威回旅馆，但是那位医生酒喝多了，伦敦街上又实行灯火管制，漆黑一团，车开了不到半英里就一头撞在路边的储水钢罐上。海明威的头撞在挡风玻璃上，满脸是血，被送到医院急救。医生发现海明威严重脑震荡，两个膝盖撞在挡板上肿了起来，头部伤得最重，医生花了两个半小时缝了57针。此后海明威就落下了头痛的毛病。

玛莎来到伦敦，听说海明威因通宵喝酒出了车祸，毫不同情。她到医院看他，见他头部用纱布绑得严严实实，只露出两只眼睛，像个阿拉伯人，觉得非常滑稽，不禁大笑，海明威内心受到伤害。

海明威于5月底出院，他已经因受伤而耽误了随军观察进攻步骤的机会。诺曼底登陆前夕，他领到了一套随军记者的装备：一身蓝色制服，上有"记者"字样的肩章，一只急救包，内有地图、钱、药物、罗盘和巧克力等物。6月2日，几百名战地记者云集英国南海岸，等待大规模的登陆行动开始。

6月5日晚，在蒙蒙细雨中，海明威登上攻击运输舰"陶洛西亚．L．狄克斯号"。第二天早晨二时，船队缓缓驶去。换船的命令下达后，海明威换乘"帝国铁砧号"运输船。五点钟又来了命令，须换乘登陆小艇，海明威艰难地从缆绳上爬下来，登上小船，准备登陆。这时天色开始发亮，周围无数小艇，海明威站在B．安得生司令官身旁，看到巨大的军舰"得克萨斯号"与"阿肯色斯号"向法国海岸驶去。海明威的小艇驶近法国时，他用望远镜已经看得见海滩、燃烧中的坦克以及经过几次冲击后德军士兵的尸体。盟军的队伍已经登陆，后续部队正在上岸。海明威认出登陆的地方是诺曼底的奥马哈海滩，这时安得生司令命令海明威上"狄克斯号"运输船返回英国。玛莎乘坐的是一艘医疗船，6日那天趁医务人员去救护伤员时，她倒是有机会上岸采访去了。

这次登陆成功之后，德国军队利用法国的基地向英国东南部发射飞弹，弹头重700公斤，射程在200英里以上，最远可以射到伦敦。为了对付这种VI型的地对地导弹，英国空军实行"台风"行动，组成机群方阵上天专打飞弹。那是在6月中旬以后，海明威回伦敦后十来天。他对"台风"行动很感兴趣，也亲眼见过德国导弹袭击时所造成的损失。

英国情报机构早就获悉德国飞弹发射基地的方位，皇家空军曾飞行4000多架次去轰炸这些基地。但这些基地都有高射炮保护，执行轰炸任务有相当的危险性。英国空军为此已经有41架飞机被击落，400多架飞机受到不同程度的伤害。海明威来到邓斯福尔德第九十八空军飞行中队，要求随机执行任务。

皇家空军同意他上飞机，那一天天气非常好，能见度很高。当时派了两个方阵上天，每个方阵六架飞机。海明威戴上钢丝边眼镜、钢盔，身穿皮夹克制服，配了降落伞，坐在副驾驶的座位上。驾驶员是一三九中队的艾伦·林恩，投弹手是一个姓基斯的荷兰人。中午时分，飞机上天，不到五分钟就远离英国大地，英吉利海峡就在下面，海水呈灰蓝色。不久，他们接近目标地区，初看是一片林子，但周围有百千个弹坑，可见就是飞弹的发射基地。两个方阵的轰炸机轮流俯冲投弹，然后拉上天空，飞回英

国。海明威觉得失望，来去匆匆，像是一只大猫"急急忙忙生下八只金属小猫"。他便要求林恩返回目标地区，看看轰炸的效果如何，这当然被飞行员拒绝，决不能去冒这个险。后来他听说，在这次行动中，第二方阵的主机被击落。

医生对他说，由于他头部伤势没有完全恢复，近期内不能再上天。他只好休息，给玛丽写写情书。他想说明他的脑子上天不成，写诗还是可以的。

休养到6月底，又来了上天的机会。那是空军大队长维克哈姆·巴恩斯邀请他来采访蚊式歼击机机群。巴恩斯的机群原驻在格雷夫森德，因为德国飞弹频频袭击，就迁至朴茨茅斯附近索尼岛上的皇家空军驻地。他们从那个岛上起飞，日日夜夜地轰炸纳粹部队通往诺曼底的运输线。6月28日，海明威来到岛上的空军驻地，身穿劣质的空军制服，"像一只灰熊"。这支队伍航程最近的任务是袭击纳粹德国在欧洲新占领国的盖世太保总部。巴恩斯出色地完成了这个任务，德国人恨得咬牙切齿，非要把他打下来。海明威对此深感兴趣，要求参加飞行。29日下午，巴恩斯带海明威上了他自己驾驶的蚊式机试飞一次。这种飞机只有两个舱位，一个给驾

驶者坐，边上是领航员。海明威坐在领航员位置上。巴恩斯的块头比海明威还要大，海明威说巴恩斯挤进驾驶舱位"像一只灰熊想挤进奥斯汀小轿车"。经过白天的一次飞行，夜里他们又一次上天，那是"一个没有月亮的漆黑的夜晚"。

参加诺曼底登陆，让海明威喜爱追求刺激的天性得到充分施展。

圣洛防线突破之后，他不等命令下来就参加了第一军第四步兵师，随同这支队伍与其他士兵一道爬过滩头堡，躲过敌人的炮火，又从滩头堡爬到安全地带。一路上，天上的飞机一直在他们后面作锯齿形扫射。

海明威趁着滩头登陆和闪电攻击造成的混乱，轻而易举当上了第二十二步兵团的一个成员。

海明威自始至终都置身于这场浴血奋战之中。

他为受伤垂危的战士写家书。

他在英雄墓前默默致哀。

他仰天诅咒。

他认为这场正面攻击伤亡太大，但是军令如山，必须执行。

他一边咒骂，一边随第四师向希顿埃菲尔和卢森堡进发。

有第四师的两星将军作证，在一次战斗中，海明威摸到距最近的增援点60英里开外的前沿阵地，侦察到两翼的德军情况，并发回确切情报，报告了德军的兵力和武器装备，还提出建议，用坦克增援盟军。

海明威所在的第四师在巴黎北面的塞纳河边暂时停止前进。这可让海明威着了急，怎么能坐在那里干等呢？

他趁此机会自行组织游击队再次出击。

他率领游击队跟踪溃逃的德军部队。

他没有反坦克武器，也没有抗击装甲部队的装备。他的部下头戴贝雷帽，脚穿木头鞋，身穿便服，却带回来一批纳粹战俘，其中还有未成年的孩子。

海明威想起了学过的德语和纳粹政权对士兵的严格训练。他知道他们内心的奴性对纪律的恐惧，于是他采取了以其人之道还治其人之身的方法。

他坐在桌子后边审问俘虏。

他显得十分威严。

他的审问搜集到不少有用的情报，对勒克莱克的装甲部队进攻巴黎起了很大的作用。他对巴黎的贡献出自他对这个城市的深厚感情。

勒克莱克将军十分感激海明威为他提供的情报，情报的准确性使他缩短了攻占巴黎需要的时间。

## 知识链接

戴高乐（1890年11月22日—1970年11月9日），法国军事家、政治家，第二次世界大战期间领导了反对法西斯侵略和维护民族独立的"自由法国运动"、法兰西第五共和国并担任第一任总统。戴高乐支持发展核武器，制定泛欧洲外交政策，努力减少美国和英国的影响，促使法国退出北约，反对英国加入欧洲共同体，承认中华人民共和国，这一系列思想政策被称为"戴高乐主义"。2005年，法国国家二台举行的"法国十大伟人榜"评选结果揭晓，戴高乐被评为法国历史上最伟大的人。

事后，勒克莱克将军曾对戴高乐将军说过，是海明威的情报拯救了千百个法国人的生命，也使他的作战时间大大提前了。

勒克莱克攻击巴黎期间，海明威的游击队不断壮大起来。这支队伍已扩展到两百来人。海明威还利用正当与不正当的手段，使他的每个部下弄到一辆摩托车。除此之外，他也学会了领取免费汽油和酒的本领。

比克正南方的一个村子里有一小股作垂死挣扎的纳粹士兵，他们有可能阻碍法军部队的前进。得到消息后，勒克莱克将军命令海明威率领他的游击队去攻占这个村子。

海明威接到命令后便在一间棚屋里进行他的战略部署。

他的队伍里有为祖国而战的法国人，有从德国、波兰和捷克斯洛伐克逃出的难民。他们年轻、勇敢、不怕牺牲。他一声令下，他们全都勇往直前。

这一仗旗开得胜。

海明威的游击队不受任何人的约束，他自有他的一套解放巴黎的行动计划。因此，在勒克莱克将军的部队还在塞纳河南岸与纳粹周旋的时候，海明威已经带着他的游击队溜进巴黎城，在凯旋门附近打击敌人。

他从凯旋门继续挺进，率领他的手下占据了巴黎著名的里兹大饭店，还叫人在门口贴上一大张告示，通告全体解放巴黎。

巴黎解放了，到处是一片欢歌笑语。

在巴黎的祝捷之夜，一个20岁左右的游击队员紧紧握住海明威的手说：

"老爹……将军……你的仗打得真漂亮——真叫我们大开了眼界！"

美国陆军部也承认海明威的仗打得呱呱叫，他们无法否认他对这场战争的贡献，他的贡献十分得体，而且意义深远。

但是，他们还附上了一条惩戒性意见。

按照日内瓦公约规定，战地记者一律不得携带武器。海明威不但带了武器，还未经许可就私自参加战斗，并且率领了一支未曾正式入伍、没有军人纪律、未曾受过训练的游击队。为此，他触犯了日内瓦公约的规定，应当受到军事法庭的审判。

第三军军法部门和总检察署联合审理了"海明威案件"。

调查进行了两个月，毫无进展。

坚决支持海明威的人决不想让他受到军事法庭的惩罚，他们对提出的问题净作些无关紧要的回答，

而且，就在军法部门和总检察署对海明威进行调查的时候，他早已离开巴黎。他还打算迎面碰上希特勒，亲自捉住这个战争的罪魁祸首呢！不过，他从没有到过柏林。

查不到海明威的犯罪证据，军法部门只好把"海明威案件"暂时搁置一旁。因为，他们传来的男男女女的证词几乎同出一辙，除非严刑拷打，否则无法改变。

最后，艾森豪威尔将军下令说，对于像海明威这种凭自己的想象力来求得战争胜利的人应该不予追究，军务部长最好去清算罪有应得的纳粹分子的罪行。

军事法庭对海明威的审讯就此作罢，战争也进入了尾声。

为了表彰他的英勇，并表彰他"在朗布依埃战役中提供情报的功绩"，美国陆军部授予海明威一枚青铜星奖章。

# 中国之行

**海**明威是1941年5月份从亚洲回到纽约的。6月初，《午报》主编英格索尔对海明威进行了一个下午的访谈。这篇访谈录是经海明威亲自过目后加以认可的。海明威后来在《午报》上发表了《海明威说俄日条约未能阻止俄国帮助中国》《中国空军需要飞行员和飞机在空中打击日本》等六篇报道，英格索尔的访谈录作为这六篇报道的序文发表。

这篇访谈录可以看做海明威远东之行的自述。

海明威夫妇于1941年2月初离开美国，坐船经夏威夷稍加停留，然后飞往香港。海明威在香港待了一个月，同各类人物进行了交往，了解中国的战局，其中有英国人、日本人和中国人，中国人里还分主战派和主和派。海明威对香港的印象是繁华而又腐朽，"情绪高，道德低"。他

※经典作家海明威

在香港同英国将军莫里斯·柯恩来往较多，据说这位英国朋友当过孙中山的警卫，会说广东话，是个中国通。他向海明威介绍了不少中国政界和军界情况。他对蒋介石印象不好，这在一定程度上影响了海明威。

他们在香港住了一个月，就乘机飞越日本占领区，来到南阳，再从南阳坐车到韶关的第七战区。海明威说，对于共产党领导的军队，斯诺和史沫特莱已经作了精彩的报道，他要看正规军的情况如何。他在第七战区待了一个月，对从司令部到军、师、团以及前沿的先头部队进行了一系列采访。他们跟着军队活动，坐船、骑马、步行，当时天气潮湿，有时绵绵细雨，十几天都没有穿过干衣服。玛莎抱怨不止，尤其不满意居住卫生条件，但海明威情绪始终很好，对玛莎的抱怨，他的回答是："谁叫你来的？"

海明威对第七战区部队的印象是这个部队有很强的防御能力，士兵们生活、医疗条件很差，但很能吃苦。

他们在前线待了一个月，接着坐小船，换车去了桂林。他们原本没有计划去桂林，但一路上人人都说桂林美，他们就去了。桂林果然是"最美丽的地方"，"那里有成千上万座小型的山，看起来像大山的山脉，却只有300英尺高。你可能在中国印刷品和绘画里见到过许多美丽的景色，以为是艺术家想象出来的，其实桂林山水照下来就是这个样子。那里还有一个有名的山洞，现在用作防空洞，它能藏三万人"。他指的是七星岩。

从桂林到重庆，他们是搭乘一架运钞机去的。在重庆，他们会见了蒋介石夫妇，还有财政部长、教育部长、交通部长等官员。他们同蒋介石谈了一个下午，由宋美龄当翻译。海明威发现重庆食品贵但丰富，这一点不同于内战期间的西班牙。他认为：仗打了四年，能维持目前的生活状况，比欧洲同德国打仗的各国都强。待了八天之后，海明威夫妇去成都一所军校参观。海明威认为，中国的训练是德国式的，教官都是德国培养的中国人。他们从成都飞回重庆，再从重庆坐飞机南下缅甸。

经缅甸到昆明是当时国外物资运进中国的西南通道，日军为了切断这条路线，连续进行轰炸。海明威发现"有几座桥炸没了，但中国人有非常有效的渡船办法用来代替桥梁。这条路经常被炸——昆明每天挨炸——但炸桥的作用不大，一则因为有船摆渡，二则中国人修桥的速度很快"。

海明威夫妇来华，自然也成了中国媒体争相报道的新闻。有一则报道这样描述了采访海明威夫妇的情景：

记者在8日下午走进了宋氏的别墅，通报以后，等了不久，即跟着侍者穿过客厅，进到一座三丈见方的晒台上。一位金色头发、面容美丽的妇人，很安闲地坐在晒台中间的藤椅上。她穿着米黄色衣服、肉色丝袜、白色凉鞋，戴着黑色眼镜，正在翻阅外国杂志。她看见记者就将杂志放下，热烈地和记者握手寒暄，并且很和蔼地道谢。

然后她又笑嘻嘻地说："你是来看海明威先生吗？他正在写作，今天恐怕不能同你交谈，真对不起。我是他的太太。"记者也就表示不愿打扰他的意思，"但是我可以和你谈谈吗"，她就毫不犹豫地答应了。

记者尚未发言，她一边摸着那金色头发，一边用脚敲打着洋灰地，面对着记者说："我说什么好呢？对于中国要说的话太多了，无论是韶关、桂林，或是伟大的重庆，在残暴的日本人不顾人道的轰炸之下，中国人民仍能各自在岗位上努力工作。尤其是在重庆，你看许多炸过、烧过的地方都已修建了小巧玲珑的房子。这种精神，使得

我们非常钦佩。"

记者知道海明威来华的目的是要搜集有关中国抗战的小说材料，因此询问海明威夫人。她便接着说："我们回国以后，一定写一本有关中国的小说，尤其特别加重描写中国抵抗日本侵略的英勇行为，把中国这种精神介绍给我们美国人。"接着她又说："重庆天气太好了，可惜不能多住……"

室内时钟当当地敲了五下，记者即与海明威夫人握手道别，并且对她说："希望9日上午能够在飞机场上和海明威先生见面。"

关于海明威夫妇此次来华，报纸上热热闹闹，而且到处把他们当做正义与和平的使者，当做贵宾来欢迎，可是他们却有说不出的苦衷。玛莎在《我和另一人旅行记》中相当详细地描述了她和海明威的中国之行。书中玛莎用 U．C．（Unwilling Companion：不情愿的伴侣）称呼海明威。他们对国民党官方政治部派给他们的陪同翻译马先生不满意。玛莎关于中国之行的那部分文字标题叫"马先生之虎"。原来在马先生陪同他们的途中，玛莎发现野外山上尽是些黑糊糊的焦树茬，就问马先生农民为什么要烧山。马先生莫名其妙地回答说："是为了赶跑老虎。"马先

生进一步解释说："老虎吃一种嫩细的树根和甜草，这些东西全烧光后，它们饿得发慌就跑掉了。"在中国竟然有吃素的老虎，这是他们闻所未闻的。马先生自吹在密执安大学念过书，可是他的英语实在不敢恭维，经常翻译不出来了，就加上"怎么怎么的""叫什么来着"之类的用语，搞得海明威夫妇莫名其妙。所以他们认为好心的马先生是个傻瓜。

令他们感到十分头疼的是他们在中国所到之处看到的贫穷、落后、肮脏、疾病。尤其是玛莎，她是个极其讲究清洁的女人，当她来到下榻的"韶关之光"旅馆时，一看里面的情况，顿时就起了反感。

他们在桂林的住地也同样糟糕，虽然名字叫得好听，什么"皇宫饭店"，可是臭虫满处爬，厕所臭水到处溢。这样的苦他们哪吃到过？然而，住得不好只是他们这一苦难历程的一小部分。玛莎对什么都感到不满，包括旅途中看到的一幕幕景色，空气中弥漫的气息。

有一次，玛莎在一个村子里要上厕所，却找不到一个让妇女解手的体面地方，结果只好到村子里的公共厕所——一个用草毡盖着的竹塔楼，"下面有一个五英尺高的阿里巴巴式的大坛子摆在地上，用来

收集那宝贵的大粪"——去方便。当她爬到竹塔顶上时，正赶上空袭警报，村里的人都跑光了，连猪也赶走了，弄得玛莎上不上，下不下，左右为难，眼看着一个中队的日本飞机从头顶上飞过去。当她从梯子上走下来的时候，海明威笑嘻嘻地对她说："噢，可怜的玛莎，如果刚才给炸死，那是多么光荣啊！勇敢的战地记者玛莎在执行公务

※《老人与海》的电影海报

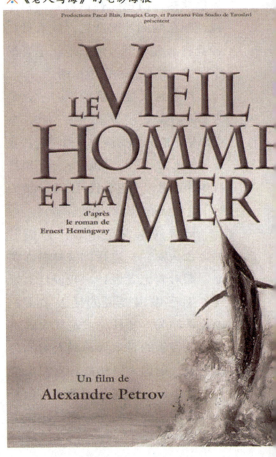

Productions Pascal Blais, Imagica Corp. et Panorama Film Studio de Yaroslavl présentent

LE VIEIL HOMME ET LA MER

d'après le roman de Ernest Hemingway

Un film de Alexandre Petrov

时以身殉职。不过，国际新闻界将会问，死在什么地方？是怎么死的？"

当时的中国是如此贫穷落后，老百姓的生活如此艰难，如此节俭，连大粪都舍不得浪费，要好好收集起来作为肥料。中国的士兵风里来雨里去，过着非人的生活，每月却只有2.8美元的津贴。可是玛莎在重庆看到那些达官贵人的奢侈糜烂的生活，例如孔祥熙夫人那种骄奢淫逸的做派，她的豪华的衣着，使玛莎深感这样的国家没有希望。中国的伤病员没人管，中国的麻风病人没人管，到处沿街乞讨。当玛莎见到蒋介石夫人宋美龄时，向她提出了这个问题，宋美龄竟大发脾气，说中国人人道、文明，不像西方人那样把麻风病人关起来。她还教训玛莎说："当你们的祖先还住在树上，浑身涂成蓝色时，中国就早有了伟大的文化了。"玛莎听了大动肝火，可海明威却不以为然，还教她要懂得如何应付这种颐指气使的女人。玛莎愤愤然地对海明威说："他们为什么不为他们的人民做些事，而是一味吹嘘过去如何如何呢？我们所见到的大人物，除了金钱和权势外，他们对其他任何东西毫不在意。我对他们谁都不信任。这个腐败的地方，他们是怎么搞的呢？"

海明威夫妇对国民党政府接待他们时搞形式主义做表面文章的那一套也甚为不满。他们一路上到处看到"欢迎正义与和平的使者""欢迎我们的国际友人""加强一切民主国家的团结"等标语口号，军队政治部还专门让人搭牌楼欢迎他们，还有欢迎会、演讲会等等。有一天晚上，政治部为他们安排了文艺节目，让1800名士兵坐在刚下过雨的潮湿地面上，请他们和将军坐在贵宾席上。大家等了45分钟，晚会才开始，先是大会发言，然后节目开始。节目上演的是两出宣传抗日的戏：一出讲几个想找中国"花姑娘"的日本军官被击毙；另一出描述了日本兵在中国人的大刀下跪地求饶的情节。玛莎对国民党军队不做实事抗战，却把日本兵丑化得如此无能，让士兵们陶醉在这种虚构的胜利喜悦之中的做法感到很可笑。晚会在寒风中持续了三个小时，结束时他们终于松了一口气。

中国之行中真正给海明威夫妇留下了良好印象的，是同中国共产党驻重庆代表周恩来的会见。有一次在重庆的市场上，一个金头发的荷兰女人走到玛莎跟前，问她是否想见一见周恩来。玛莎对周恩来这个名字连听都没听说过，不知他为何许人也，不知为什么荷兰女人会认为他们想见此人。她很谨慎地回答说得先问一问海明威，但是她答应给她一个回音。玛莎回去向海明威描述了那个荷兰女人，海明威听了很高兴，原来是他的老朋友荷兰导演伊文思在这里，想安排他和中国共产党的重要人物见面。海明威欣然答应。于是，当那荷兰女人再次出现时，玛莎给了她回话。第二天，在那荷兰女人的安排下，海明威和玛莎甩掉了跟踪他们的国民党特务，坐上一辆黄包车，蒙上眼睛，被带到了一间简朴小屋里的周恩来跟前。他们看到周恩来衣着朴素，平易近人。虽然需要翻译，但是他们之间相互有很好地理解，所以谈得非常投机。玛莎认为，这是他们第一次，也是唯一的一次和一个中国人谈得如此无拘无束。海明威大概给周恩来讲了广州前线的情况。由于他们对中国的情况不太了解，尤其是对中国共产党的情况不太了解，所以他们主要是听周恩来讲，只是他们当时兴奋之中没顾得上做记录，所以当玛莎37年后发表有关当年的回忆录时，已经记不清周恩来讲了些什么。

海明威夫妇在重庆会见过蒋介石夫妇，当时的财政部长孔祥熙夫妇，以及教育部长、国防部长、交通部长、许多将军和总参谋长，他们都没给她留下什么好的印象。

当他们回到美国后，在给白宫官员汇报中国之行的印象时，他们非常有预见性地指出，这场战争结束后，接管中国的将是中国共产党人，"因为蒋介石一伙太糟了，奢谈中国的民主纯粹是虚伪的废话。那里不仅没有民主，而且比没有更糟"。

※黄包车

## 《丧钟为谁而鸣》

从1940年开始，海明威一直留在古巴写作。4月，他写信告诉潘金斯，小说正式定名为《丧钟为谁而鸣》，书名取自英国16～17世纪诗人约翰·堂恩的《祈祷文集》。

此书出版后，销售大为看好，12月底已售出18.9万册，出版不到半年，销售量达49.1万册，到1943年底，累计销售量高达78.5万册，成为自《飘》出版以来美国最畅销的一部小说。不久以后，小说又由派拉蒙电影公司搬上银幕，英格丽·褒曼等著名影星担任主要角色，轰动一时。

文学和社会批评家埃·威尔逊初读《丧钟为谁而鸣》后非常高兴，认为海明威已经走出20世纪30年代创作的低谷，虽然他对小说的爱情描写不满意，说"海明威这位艺术家又回到我们身边，好像老朋友回来了"，"《丧钟为谁而鸣》对社会、政治现象的想象，是海明威过去所没有的"，"海明威描写西班牙战争不是作社会分析，而是道德上的评判"，"有智慧"，"有同情"。剧作家

**知识链接**

约翰·堂恩(1572 — 1631)，又译但恩、邓恩、多恩，英国詹姆斯一世时期的玄学派诗人，他的作品包括十四行诗、爱情诗、宗教诗、拉丁译本、隽语、挽歌、歌词等。多恩是玄学派诗歌的创始人和主要代表人物，他的作品对乔治·赫伯特、安德鲁·马维尔等一大批杰出诗人有很大启迪。堂恩的诗节奏有力，语言形象生动，想象奇特大胆，常使用莎士比亚式的机智的隐喻，在他的诗集《歌与短歌》中，这些特点体现得十分明显。

罗伯特·安德生对比了海明威前后不同的作品之后说，"海明威能够作自我批评，能够自我开拓"，给人"一种隽永的感觉和高贵的精神"。列奥奈尔·屈里林说海明威"完全明白实际生活情况中的道德上与政治上的紧张的力度"，"他把他的创作能力发挥到极限"，并认为他写游击队"聋子"这一仗"达到托尔斯泰写战争的最高水平"。著名的英国小说家格拉姆·格林在批评海明威写爱情"过于罗曼蒂克"的同时，赞扬海明威"写西班牙内战透出一种精细的观察和同情，而这在过去是从未有过的"。许多参加西班牙内战的国际纵队中的非文化人士也同样肯定了这部小说。

文化人，尤其是左翼文化人，反应就不同了。有些人给《工人日报》《新群众》杂志写信，说海明威歪曲了西班牙内战，对纵队的领导、对苏联的领导不够尊重，甚至说他"出卖了自己的才能，出卖了人民"。

但是，最致命的批评来自西班牙批评家阿图罗·巴雷亚，他是西班牙人，左翼人士，又参加过内战，他的意见自然被当做最内行、最有权威的意见。他的一个总的评价是："读了《丧钟为谁而鸣》，你确实能了解西班牙人性格和生活的某些方面，但是你对更多的方面会发生误解，而这更多的方面是更为重要的方面。"他对作品肯定的地方是很有限的，如海明威笔下的"卡斯蒂尔农民有几个是真实的，栩栩如生的"，"某些游击战士，尤其是老安塞尔莫和艾尔·索多是属于这块土地上的"。还有，比拉尔"讲述的袭击宪警队营房的经过，这部分故事完完全全是现实主义的"。

巴雷亚肯定之处大概就是这一些，否定的地方就多了。归纳起来，主要有两点。首先，比拉尔是吉卜赛巫婆，巴勃罗是斗牛场里的马贩子，由他们来领导山区游击队简直是荒唐，"吉卜赛老荡妇和她的情人马贩子跟那些旧卡斯蒂尔的农民凑在一起显得格外不协调"。所以海明威"用似乎真实的手法歪曲了我的同胞和悲剧性暴力行为的原因和具体表现形式，而且还不知道自己进行了歪曲。这是因为海明威所了解的是斗牛场上的西班牙"。第二个致命的缺陷是玛丽亚的形象。巴雷亚说他从来没有听说过长枪党徒会对一个姑娘"进行集体强奸"，"这种行为完全违反了西班牙人的心理"。她见到一个外国人，"当天晚上就请求让她睡到他的床上去"，这是"不真实的"，因为"西班牙农村中产阶级的女孩子是在摩尔人后宫和天主教寺院两重影响的传统下熏陶成长的"，她们不会是天生的荡妇。主人公乔丹当着众人的面戏称她为"兔子"，"这个西班牙词却正好常常被用来作为女性生殖器官的低级代用语"，说明海明威缺乏起码的常识。巴雷亚的结论是海明威"犯了一系列严重的语言学和心理学的错误"，"他笔下正在进行战争的西班牙人的全部图景是歪曲的和不真实的。"

从上面简略介绍的阿图罗·巴雷亚的批评来看，他对海明威的要求很严格，甚至可以说是苛刻的。怎么能要求一个非西班牙人对西班牙人性格的了解达到像巴雷亚这样的程度呢？这好比指责美国作家赛珍珠笔下的中国农民不如鲁迅写得深刻一样，有点为难人家。巴雷亚批评海明威在有些地方对西班牙无知，那可能是确实的，但是写小说不是写历史，一方面不能脱离历史的真实，另一方面也不能拘泥于历史的事实。我们只能从总的倾向上加以评论，用我们习惯的用语说，看大方向对不对。

从这部小说看，海明威对待战争的态度与他20世纪20年代的态度相比，有了全方位的改变，中心问题是个人如何对待战争。《太阳照常升起》中的男男女女都是战争的受害者，战后他们放荡不羁，在他们眼里一切社会价值都是虚妄的，战争更是一场噩梦，巴不得忘得一干二净。《永别了，武器》，就像题目所示，"战争"，我跟你"永别了"。那个志愿帮助意大利人打仗的美国人几经挫败，不得不与战争"单独媾和"。就是当了逃兵，战争也没有放过他，让他彻底失去个人的幸福。《丧钟为谁而鸣》跟它们不同，作者引用约翰·堂恩的话作为题词，就亮出了海明威本人对这次战争的态度。

这是说，人类不存在"小我"，只有"大我"。任何战士的死亡，都不是他个人的事，而是大家的事。这是海明威从"我"走向"我们"。《有钱的和没钱的》中的主人公最终意识到"一个人不行了，现在一个人不行了"，但来不及表现在行动上；《第五纵队》的主人公在爱情与事业的矛盾中选择了事业，比《有钱的和没钱的》进了一步。《丧钟为谁而鸣》的主人公乔丹在思想境界上比他们都高出一筹。他没有迷惘、失望的情绪；他不厌恶战争，不逃避社会；他虽然处于热恋之中，但这种爱情不再是与战争矛盾的个人幸福，他始终把个人的东西放在服从于战争需要的位置。他考虑的主要是如何履行他的职责。

从思想立场上分析，海明威是站在民主主义位置上反对法西斯主义的。主人公的种种表现，从接受炸桥任务，到同山区游击队的接触，到与玛丽亚的恋爱，到炸桥任务的完成，到一个人断后狙击敌人……无不反映着海明威反法西斯主义的坚定立场。他还通过人物之口，说明法西斯势力是一个世界性势力，要教育人民"认识它，打击它"。乔丹说："我相信人民，相信他们有权利按照自己的愿望来管理自己。"小说中，主人公在等待敌人时，也就是牺牲之前有一段内心独白，作者让他想到的不是死亡的无奈，不是个人的无能为力，而是用海明威特有的风格鼓励后来者继续反法西斯主义的斗争。

这部小说具有悲壮的气质。海明威不是简单直抒反法西斯的主题，他并不认为反法西斯主义的阵营因为它反法西斯、因为它属于正义的一方就应该染上玫瑰色。小说中，既有质朴善良的农民，英勇善战的反法西斯战士，也有贪生怕死的游击队长；优秀的反法西斯战士既有强烈的责任感，又有无法挽回危局的失败感；领导层中间互相牵制，官僚机构的混乱、无能以及某些人士气的低落……敌我双方力量对比悬殊，失败是不可避免的，但败方是正义的，因而败得英勇壮烈。

海明威的传记作者卡洛斯·贝克尔说得好：《丧钟为谁而鸣》是一部研究西班牙人民由于内在、外来原因而被出卖的作品，而且它采用了既满怀同情地介入又保持头脑冷静地超脱的写作方法，这种特殊结合是真正艺术家的标志。不能说这部小说是骑墙的，然而它的倾向性超出了这个词的通常涵义。这部小说倾向的是人类博爱的事业。

※杂志封面上的海明威

辉煌与苦难

## 瞭望山庄

**那** 次中国之行海明威夫妇还去了仰光。回到美国，海明威同玛莎商议，他需要休息一下，以便整顿思绪，重新投入写作之中。到什么地方定居好呢？

"既然在精神上古巴最接近西班牙，咱们就去古巴好么？"

于是，夫妇俩搬进了古巴圣弗朗西斯科德波拉的一座百年老屋。

这是一座细而高的多层建筑，像一座巨形高塔耸立在山林之中，离海湾只有15分钟路程，到斯洛陵·乔埃大旅社和民族宫也不过半个钟头光景。这座老屋的主人叫它"瞭望山庄"。

瞭望山庄拔地而起，房子很大却占地不多。花砖地板擦得清洁光亮，大花园里群芳斗艳，树木繁茂，有棕榈、木瓜、番石榴，还有木槿树、紫茉莉和矮橘树。园里还养有18只猫，只只长得肥头大耳，懒得动弹，就连小麻雀也敢向它们无端发起挑衅。就是这样，它们也不理不睬，只管和狗和平相处，比赛睡觉。

山庄里的起居室宽敞而又舒适。地板上先铺上一条草席，再铺一块地毯，毫无热带风味。墙上挂着一个野鹿头颅制成的标本，那是海明威在爱达荷州猎到的一件纪念品。野鹿那双呆板的眼睛直盯着毕加索（1881—1973）出生于西班牙马拉加，长期在法国从事艺术活动。他是当代西方最富于创造力、影响最深远的艺术家之一，是立体画派创始人，他和他的画在世界艺术史上有着极其重要的地位。毕加索是位多产画家，据统计，他的作品总计近37000件，包括油画1885幅，素描7089幅，版画20000幅，平版画6121幅。他对二十世纪的艺术史有着最杰出的贡献，被赞扬为"人类艺术史上罕见的天才"。在西班牙内战和纳粹占领法国期间，毕加索坚持民主和进步，积极参与反法西斯斗争。

毕加索的一幅画。一只羚羊头从敞开的餐室门口露出笑脸。法国式落地门经常敞开着笑迎各种宾客。门上帘幕低垂，为的是夜间挡住昆虫入侵。

山庄上还建起一个网球场、一个游泳池和一个拳击场。海明威心爱的"拜勒号"快艇就停泊在摩洛堡炮台附近，随时供他使用。

山庄的周围环以篱笆，把那些好奇的或不受欢迎的人挡在外面。但是大门随时为朋友敞开，来访的朋友也的确不少。

建筑物的楼下还有一个很大的藏书室，共有4643册藏书。这些书除了《名人录》以外，海明威全读过。他空闲时每天要看三本书。每当读到一本他喜欢的，他就会去再买上几本赠给朋友。

他写作的时候，总是手拿铅笔，站在建筑设计用的绘图板前写东西。这种独特的写作方法是他在1903年以后才养成的。那一年，他遇上车祸，伤了右手和右臂，后来医生就建议他在倾斜的板面上工作。

不过他更喜欢用打字机，因为这样能使他的思路更加敏捷，加快步伐，跟上他脑子里思维的速度。一杯马丁尼酒或者甜烧酒下肚以后，他就会伸开双腿，搁到脚凳上，自顾自唠叨起来。海明威是个美食家，既贪吃又讲究。他的家中有汽车司机一名，厨师一名，还有一群女佣、男仆和他的助手。

他吃午饭用的是军队中的那一套办法。妻子玛莎届时拿起手铃一摇，古巴女仆便闻声而至，每人端来一道菜。

他说，这样的吃法他才过瘾。

在瞭望山庄里，海明威是至高无上的统帅和君主，一切都得听他的。

有记者来访时，他倒显得十分

谦和。但是如果记者要给他拍照，他是丝毫也不愿马虎的。他一定要摆好姿势再让他们拍。他只许他们拍好，刊出时要像个样子。

妻子玛莎·盖尔荷恩成了他的附庸，她那作家的才华得不到展露。

他们的婚姻岌岌可危。

但是，他们共同生活的几年间，家庭内外依然充满了欢乐的气氛。瞭望山庄总是宾客满座，谈笑风生，兴奋而又愉快。

海明威还常常带着玛莎乘"拜勒号"快艇作海上航行，听海风呼啸，看波涛翻滚，别有一番乐趣；

※接受来访拍照时的海明威

要么他就带着她去深海捕鱼，捕马林鱼、金枪鱼，弄得本来十分整洁的"拜勒号"到处都是鱼腥味；再不就是带她去看斗牛或者打回力球。

古巴人除了爱看斗牛，还爱看斗鸡。成群的古巴人在不大的斗鸡场内打赌、喧哗，群情激动。偶尔也会有个看得目瞪口呆的外地游客。

在瞭望山庄住下以后，看斗鸡也成了海明威的乐趣之一。当然，这也成了他们家的一件十分重要的大事。

海明威来看斗鸡实际上等于是给来看斗鸡的古巴人增添了一个节目。

他们倒不是因为他是名作家而另眼相看，也不是对他爱好运动而感兴趣，而是因为他们欣赏他看斗鸡的神情。他看到斗鸡拍动翅膀，用富有战斗性的锋利而带血的鸡喙迅猛厮斗时那种入迷的模样使他们见了高兴。而且，他和他们朋友相称，丝毫没有名人的架子。他和男人拍肩交谈，他和年轻姑娘开无伤大雅的玩笑。他爱说粗话，他喜欢喧闹，他和当地的古巴人融为一体。

海明威与玛莎在瞭望山庄共度的那段生活过得安逸舒适，但它又是那样的短暂。二战已经开始，海明威闻到了火药味，迫不及待地要上战场，瞭望山庄这个安乐窝留不住他，玛莎的柔情拴不住他。他义无反顾地报名参加了海军。在他报名参战的那一时刻，海明威与他的第三任妻子玛莎·盖尔荷恩的婚姻也宣告彻底破裂。

他再次当了个失败的丈夫。

圣诞节到了，此时玛莎也在卢森堡。玛莎已在11月份公开宣布要同海明威离婚，可是海明威在军队里的朋友们却不知详情，派车把她接到部队里，本来是想给海明威一个惊喜的，没想到使他很难堪。12月24日晚上，海明威夫妇参加了为威震四海的巴顿将军举办的生日晚宴，以庆祝他54岁生日。尽管巴顿

## 知识链接

巴顿将军即乔治·巴顿，是美国陆军四星上将，毕业于西点军校，是第二次世界大战中有名的美国军事统帅。巴顿将军骁勇善战，重视坦克作用，强调快速打击，有"热血铁胆"、"血胆老将"之称。他不仅是将军、文人，也是一个具有政治、军事、哲学头脑的人，更是一个最具个性和人性的人。

将军在宴席上同他的部下弄得很不愉快，但海明威夫妇还是在宴席后登门到巴顿的宿舍作了拜访。然后拉纳姆把自己的寝室让给他们夫妇俩住，自己蜷缩在没有暖气设备的流动办公室里过了一个寒冷的圣诞之夜。

第二天上午，拉纳姆陪着海明威夫妇到他手下的部队去参观。一路上玛莎跟海明威吵得很凶，因为怕别人听懂，玛莎全部用法语责备海明威。拉纳姆的法语很好，他注意到海明威听了玛莎的话满脸通红，一直红到耳朵根上，只是他什么也没说。等玛莎说完以后，海明威对她说："也许你不知道，拉纳姆讲的法语比你讲的好得多。"现在他们俩碰在一起似乎没有什么话好说，一张口就是互相责备和辱骂，海明威觉得他们的关系已到了该了断的时候了。

海明威这一段时间还有一件苦恼的事情，他现在已经长大成人参了军的儿子邦比在欧洲战场上失踪了，生死未卜。他设法在各处打听儿子的下落，最后终于打听到，邦比还活在人世，只是被关在敌人的俘房营里。海明威希望战争赶紧结束，以便让儿子尽早脱离危险。

海明威回到巴黎的利兹饭店。拉纳姆上校好容易得到一个休假，

要到巴黎住几天。他来到巴黎以后就登门拜访了海明威，还给海明威带来了他喜欢的礼物——两把德国造的自动手枪。海明威喜出望外，当即就要试一试。可拿什么做靶子呢？他想到了玛丽丈夫的相片，他把它挂在壁炉上方的墙上，拿枪作瞄准的姿势。拉纳姆制止了他，说子弹打在墙上弹回来会伤着在场诸位的。可是海明威不甘心，取下相片，握着枪走进卫生间，随手把门关上。只听见里面两声枪响，大家推开门，海明威正拿着枪哈哈大笑，原来他在卫生间里向这位他将要接替其位子的人的相片开枪表达他的复杂心态，顺便把卫生间里的马桶和管道也打坏了，弄得满地脏水。饭店管理人员闻声而来，见

海明威做出这样疯狂的举动简直哭笑不得，只得派人叫修理人员来抢修。玛丽生气地走开了。

海明威看到盟军进一步在向德军发起猛攻，法西斯德国的末日不远了，却萌生了回家的念头。他告诉拉纳姆，他的心在劝他留下来，亲眼见到敌人的末日，但是他的思想却催他赶紧回哈瓦那去，因为他已经很久没有写出文学作品来了，他要到那里去重新拿起他的笔，写出好的作品来。他还要关心他的三个儿子，他还要和玛莎离婚，和玛丽重新建立家庭……

1945年3月6日，他搭乘一架回国的轰炸机回到了美国。临离开巴黎时，他给玛丽写了一封信，表示要永远爱她。

※巴黎这一浪漫之都，见证了海明威许多的爱情故事

# 第四次婚姻

海明威回到哈瓦那以后，花了很多时间、金钱来整修瞭望山庄的房子。由于他长久不住在这里，又遭受风暴袭击，这里的房子已经破败不堪。他决心要把它好好收拾一下，以迎接玛丽的到来。虽然他的任性、自以为是以及借酒耍性子的胡闹经常使玛丽感到难堪，但是玛丽懂得关心和体贴，懂得把他的需要和满足看得高于一切，这些难能可贵的品质使海明威深感离不开她，愿意为她做好一切。他甚至向她表示，回哈瓦那以后，他要把他那种嗜酒如命的坏习惯改一改，喝酒的量要减少百分之九十。

开始时，尽管海明威也很思念玛丽，但是有他两个儿子陪他，他还不至于感到太寂寞。然而，儿子的春假一过，又要回波琳那里去上学。他的房子里倒是多了不少人，他雇了一个中国厨师、一个管家、一个女佣、一个汽车司机和两个跑腿做杂事的小伙子，另外还请了四个园艺匠整修花园和游泳池等，但是这并没有减轻他的孤独感，他盼望着玛丽早日到来，这才是他最感亲近的人。当3月13日玛丽从欧洲回到纽约、给他打长途电话时，他向她表示，要是不能马上见到她，他简直熬不下去了。

可是，玛丽还不可能马上来到他身边，她要到芝加哥去向她父亲说明她要和丈夫蒙克斯分手并同海明威结婚的打算。她还要着手办理和蒙克斯离婚的手续。

这一年37岁的玛丽·韦尔什和海明威前三位妻子不一样，她没有中产阶级或富豪家庭的背景。她是在明尼苏达州北部的一个小镇上长大的，父亲是一个收入微薄的伐木工人，为了补贴家用，他有时在密西西比河上开船，挣些外快。到了夏天，玛丽就到父亲的船上，和父亲及其帮手一起过起水上人家的生活。玛丽很爱学习，念完大学后当上了新闻记者。她已经结过两次婚，第一次于1929年嫁给了她大学时期的同学劳伦斯·库克，过了两年婚姻生活。然后又于1938年嫁给了她现在的丈夫，澳大利亚的新闻记者蒙克斯，可这桩婚姻实际上已经破裂，蒙克斯另外找了一个女人，把她撇在一边。而她也有许多追求者，可她选择了海明威，心甘情愿地当他的"泡菜"。

盼望已久的重逢时刻终于来到了。玛丽于5月2日飞抵哈瓦那，海明威春风满面地开车到机场接她。玛丽看到海明威分别两个月来身体状况确实大有好转，精神面貌不错，心情也好，就喜气洋洋地跟着海明威去参观这座她将成为其女主人的庄园式建筑。玛丽在这里有许多要学习和适应的东西，她还要把

西班牙文努力学一学。好在她很机灵，也不是那种娇生惯养的女人，尤其是海明威爱好的驾船出海等活动，对她来说并不是一窍不通的。她在父亲船上练就的一套本领在这里全用上了，虽然她原来是在河上，而现在是在海上，可这是相通的。有些事不用海明威教她，她一看就明白了，真可谓心有灵犀一点通。所以，当海明威看到玛丽喜欢海洋，喜欢游泳，喜欢钓鱼，喜欢和他一起驾着"拜勒号"出海航行时，心里说不出有多高兴。

玛丽在瞭望山庄期间，邦比

也来到了父亲的身旁。他当初在欧洲战场上空降到地面时被发现，受伤以后在敌人的俘虏营里被关了六个月，吃尽了苦头，终于得到了解放。他在瞭望山庄得到了很好的调养，他父亲为他感到自豪。他像他的两个同父异母的弟弟一样，很快接受了他们未来的继母，同她和睦相处。

6月20日，玛丽要回芝加哥亲自办理和蒙克斯的离婚手续。海明威到飞机场送她，这时正下着蒙蒙细雨，空气中一片雾气，由于运土的卡车把一些泥块掉在山路的路面上，泥块经雨水一泡，使路面很滑，就像抹了一层润滑油。本来是司机开车，可海明威逞能，偏偏让司机坐到后座上去，他要亲自开车送玛丽。尽管他开得比较小心，可是路面太滑，刹车不起作用，车一下子滑到路边的沟里，车头猛烈撞击在沟里的一棵大树上，海明威的额头砸在后视镜上，胸部肋骨被方向盘撞断四根。玛丽的脸被车上的金属物划破了一道很深的口子，弄得满脸是血。海明威从车里爬出来，不顾自己身上的伤势严重，急忙把玛丽抱在怀里，设法把她送到医院抢救。要不是医生及时采取了措施，她的脸上就要留下这次车祸的永久性纪念了。玛丽虽然没有破

相，可是她同蒙克斯离婚的事却得往后拖一段时间了。直到8月底，玛丽才乘飞机去芝加哥。海明威则要留在哈瓦那办理他和玛莎的离婚手续。

玛丽不在期间，海明威接待了他在欧洲战场上的老朋友拉纳姆和他的妻子。拉纳姆现在已经是将军了。海明威一向十分感激拉纳姆在公开场合对他表示的钦佩与尊敬，他们来了以后，他对他们无所不谈，包括他对他前几位太太的看法。不管怎么说，除了玛莎以外，他对以前几次婚姻的破裂十分自责。但是，玛丽显然在性格和为人上，尤其是在对海明威的态度上，综合了他前几位太太的优点，避开了她们的缺点，特别能容忍海明威的坏脾气和自以为是的作风，所以海明威才会如此留恋她，想念她。

12月21日，他和玛莎办妥了离婚手续。

1946年3月14日，海明威和玛丽在哈瓦那正式举行婚礼。

海明威第四次结婚后，身体仍然不好，他常觉得耳鸣不止，血压高压达200，低压125，体重250多磅。医生劝他节制饮食，少喝酒。海明威决定去爱达荷州的太阳谷住一段时间，那里空气新鲜清凉。他严格遵守医嘱，控制饮食，坚持锻

炼。在他去北方期间，玛丽在瞭望山庄设计了一座塔楼并监督施工。塔楼建成后，登上三层楼的楼顶可以望见哈瓦那和蓝色的大海。海明威喜欢猫，养了30多只，塔楼的底层是猫活动的地方，二楼是书房，但海明威不常在那里写作。

1948年，海明威夫妇去意大利旅游。玛丽头一次到意大利，游历热那亚、科尔纳和威尼斯等地，只见到处郁郁葱葱，山山水水十分迷人。海明威还带她去看他30年前负过伤的地方。这时海明威头脑里酝酿了一部小说的雏形：一个经历过两次大战的老兵的精神历程。那部小说就是1950年发表的《过河入林》。

在游历意大利期间，海明威结识了意大利姑娘阿德丽亚娜·伊凡西奇。据海明威友人霍契描述，阿德丽亚娜"19岁，身材高挑，贵族出身，是个美女，一头长长的黑发，鼻子形状有点怪，但富有魅力，她会写精巧的诗，会画画，滑雪技巧高超"。她崇拜海明威，海明威也爱她，后来还邀请她和她母亲去过古巴。玛丽为此还表示过醋意，这里要说的是，海明威把阿德丽亚娜写进小说里去，成了女主人公。

《过河入林》是海明威搁笔

10年后发表的第一部长篇小说，虽然批评界几乎一致认为是一部"败作"，但因为是海明威的新小说，仍然畅销。这部小说带有明显的自传印记：一个参加过两次大战的50岁的老兵——坎特威尔上校战后在意大利休养。陪伴他的情人名叫瑞

※海明威在古巴的住所

娜塔，是个年仅19岁、出身贵族的意大利姑娘。上校凭吊他在第一次世界大战中打过仗的地方，同时向瑞娜塔讲述二次世界大战中的战斗故事。这位上校就像海明威自己，因而作者与主人公之间没有任何美学距离。上校的心情似乎颓唐忧郁，他的顾影自怜折射不出更远、更深的意味。海明威过去那种鲜明、生动的意象不见了，"埋在水下的八分之七"全显露了出来，原来是那么贫乏、那么空洞，既没有值得令人回味的"迷惘"的情绪，也不见令人振奋的、在厄运面前坚毅不屈的硬汉子精神。我们只见到一个身心疲惫、怨天尤人的退伍老兵。

女性形象的描写本来是海明威的弱项，即使在他最成功的作品中，他写女性也远不及写"男子汉"成功。她们没有个性，没有脾气，没有独立的思想，因而也没有独立的行动，除了麦康伯太太之外。《过河入林》中的女主人公瑞娜塔就是没有个性的人。如果说《永别了，武器》中的凯瑟琳像面粉团似的柔软得没有性格，《丧钟为谁而鸣》中的玛丽亚的存在是为了满足青少年的欲望，那么《过河入林》里的瑞娜塔就像时装店里的塑料制成的人体模型，没有一点生气。

※海明威在59岁那年重游意大利，联想自己的经历，结合意大利的人文风情，他酝酿了小说《过林入河》。图为意大利城市景观

# 诺贝尔文学奖

**1954** 年，从瑞典的斯德哥尔摩传来一个振奋人心的消息：海明威获得了当年的诺贝尔文学奖。消息不胫而走，到处都有人在谈论"老海明威"，其实当时他才55岁。

纽约《世界电讯报》用Old Hemingway Has Caught the Noblest Fish in the Sea（老海明威捕捉到海里最高贵的鱼）作为头版通栏大标题报道了这则喜讯。"Noblest"（最高贵的）与"Nobel"（诺贝尔）读音和拼写都十分相近，而海明威这次获奖是因《老人与海》而得，《世界电讯报》把他的书名夹于标题之内，可算是玩了一个小小的文字游戏，但也达到了一箭双雕的效果：其一，海明威获得了诺贝尔文学奖；其二，他是因《老人与海》这篇小说而获奖的。

后来到正式颁奖的时候，他果然称病不去。他委托美国驻瑞典大使约翰·卡波特替他代为领奖，并写了一篇简短的演说词，请大使先生在会上宣读。他在演说词中说："任何作家，当他知道还有许多伟大作家没有获得此项奖的时候，都不可能心安

## 知识链接

### 诺贝尔文学奖

诺贝尔在1895年11月27日写下遗嘱，捐献全部财产3122万余瑞典克朗设立基金，每年把利息作为奖金，授予"一年来对人类作出最大贡献的人"。根据他的遗嘱，瑞典政府于同年建立"诺贝尔基金会"，负责把基金的年利息按五等分授予，文学奖就是其中之一，"奖给在文学界创作出具有理想倾向的最佳作品的人"，授予在文学领域具有杰出贡献的文学作家。

奋战。他所发现的新领域，也许对他自己毫无用处，他只能是"照亮了别人，耗尽了自己"。而要继续创作出好的作品，一个作家必须不断开发新的领域，以前发现的领域并不能保证他继续在新的领域里获胜，他必须做出新的艰巨努力。所以，对于桑提亚哥来说，是"胜者无所获"，对于海明威来说，同样是"胜者无所获"。他向往着做这样一种悲剧性的人物。

理得领奖而不感到受之有愧。"虽然海明威认为自己早就该得诺贝尔文学奖，但是他在演说词里说这些话似乎并不是假谦虚的客套之词。他深深感到，一个真正的作家必然像桑提亚哥那样是孤独的。"一个在孤独中独自工作的作家，假如他确实超群出众，就必须天天面对永恒，或面对缺乏永恒的状况"，"对于一个真正的作家来说，他的每一部作品，都应该是他继续探索那些尚未达到的领域的一个新起点。他应该永远去尝试那些从来没有人做过或别人没有做成的事，这样他才有获胜的机会"。桑提亚哥的孤立无援在于他必须独自去同向他劳动成果进攻的鲨鱼搏斗，面对自然界弱肉强食的永恒规律，他的失败是注定了的。而一位作家的孤立无援则在于他必须不断去发现别人没有发现的东西，这个谁也帮不了他的忙，即使有人点拨，他也必须孤军

所以，海明威获得诺贝尔文学奖，当然很高兴，但是他已经超越了凡俗所能给予他的愉悦，更趋向于精神上的追求了。诺贝尔奖委员会给他的3.5万美元的支票他用来偿还了债务，至于那枚金质诺贝尔奖章，他送给了古巴国圣神殿。

海明威已经到达了人生的辉煌顶点，他将要面对死亡。当初他

写《午后之死》的时候，也许只是为了让人更多了解斗牛这一看似野蛮残酷却包含许多文化因素和精神因素的活动，没有想到过自己在过了人生正午之后将如何去死。而现在，他正越来越接近于面对这样的问题。他首先面对的是不少亲友的相继离去。

他母亲格雷丝由于脑部受血液循环问题的困扰，终于在78岁的时候住进了医院，在医院里又由于轮椅翻倒，造成脑部伤害，导致记忆丧失，终于在1951年6月28日离开人世。临死前，海明威的妹妹玛德莱娜一直陪伴着她。虽然在她生前，海明威始终不能原谅她，对她的一些做法耿耿于怀，但他在生活上还是为母亲考虑得很周到。现在母亲去世了，他感慨万分。感慨中不仅包含着对母亲的怀念，还包含着对母亲的复杂感情，而且也有关于自己的思考。父母一辈人的离去意味着死神将要找上他这一辈人的门来了。

果然，在同一年的10月初，海明威接到前妻波琳去世的噩耗。当时因为海明威和波琳的儿子在洛杉矶遇到点麻烦，波琳前去看望儿子，结果突然发病死在医院里，最后诊断是肾上腺髓质瘤导致突发性死亡，享年56岁。海明威虽然和波琳已经离异，但由于两个儿子的纽带始终联系着他们，波琳也不相信别人对海明威的许多指责和攻击，和海明威保持着融洽的关系。尤其是，波琳竟然和玛丽相处得像朋友一样，使海明威感到很欣慰。可是现在波琳却去世了，这更使海明威感到死亡的威胁正在临近。

1952年2月，又一死讯传到了海明威这里：他长期以来的出版商查尔斯·斯克里布纳因心脏病发作，突然去世。那一天，海明威看着雷电交加、海浪滔天的景象，仿佛天地都在为此震惊。海明威给斯克里布纳夫人写信，称斯克里布纳是他最亲密的朋友，为失去这样一个可以推心置腹的好人感到痛心。不久，他把新出的中篇小说《老人与海》献给查尔斯·斯克里布纳和五年前去世的斯克里布纳出版社的老编辑潘金斯。

从《过河入林》发表到《老人与海》的问世，这两年间，有两件事值得一提。先是1950年10月意大利姑娘阿德丽亚娜同她母亲来古巴，一直住到次年2月。海明威陪阿德丽亚娜游历，心情十分舒畅，他认为自己后来只花八周时间写成《老人与海》，与这种心情不无关系。二是他对写他的专著的两种不同的态度。他从M.考利那里了解到，有一个名叫菲力普·扬的年轻学者，属于弗洛伊德心理学派，主张创作来自创伤的学说，他认为海明威18岁时所受的创伤，包括肉体的和精神的，是他后来创作的诱发剂，他笔下的人物都是他本人的再现。海明威对于这样的论点十分反感。他说他小说中的人物都是虚构出来的，不是他本人，还认为运用海明威生平材料印证这样的观点十分不妥，因而他拒绝菲力普·扬引用他作品的请求。后来他称这种研究是"联邦调查局的小角色与弗洛伊德和荣格的废料相混合的产物"。另一位学者卡洛斯·贝克尔教授写了一部《海明威：作为艺术家的作家》（1952年）的专著，海明威看了是认可的，他认为这本书虽然有错，但是是"正经的"，它不涉及私人生活，只是从他作品的分析中得出自己的看法。海明威并不同意贝克尔在他作品中发掘这么多的象征，然而认为这是贝克尔的权利，他可以有自己的看法。海明威夫人在海明威去世后同意卡洛尔·贝克尔为海明威立传并提供必需的资料，就是因为海明威生前对他的认可。

《老人与海》虽然写得极快，但小说素材在海明威脑子里已经酝酿了好久。1935年，有一个老渔夫向他讲述他捕到的鱼怎样被鲨鱼吃掉的故事。

1939年2月，他在致潘金斯的信中就透露出他想把这个故事写成小说的意向。他说他想写三篇小说，其中有一篇写一个以打鱼为生的老头的故事。"那老渔夫一个人在小船上同一条旗鱼搏斗了四天四夜，他没法把它拖上船，只好把鱼绑在小船边上，末了这鱼让鲨鱼给吃了。这是一个发生在古巴海边的精彩的故事。我想乘坐老卡洛斯的船同他一起出海经历一下。经历一下老渔夫做的、想的每一件事，他怎么在海上远离其他渔船，只有他一个人在小船上同鱼进行长期的搏斗。如果找到感觉，我能写得很精彩，可以写一本书。"

《老人与海》就是写上面的那个故事。海明威为故事虚构了情境和细节，尤其是捕鱼、击打鲨鱼的细节写得极其充分、极其逼真，但故事的基本框架没有变：古巴渔民桑提亚哥连续84天没有捕到鱼，好不容易捕到一条大鱼，却被鲨鱼吃掉，老人累得不行，到屋里去睡了。

这个故事是实的，但故事的背景却是虚的，也就是说它没有具体的时空限制，这就使故事近似寓言，你可以作这样的解释，也可以作那样的解释。小说出版后，大致有以下这几种解释：有人说这是写基督殉难精神，吃生鱼什么的象征着圣餐，老人历经苦难，在苦难中获得了殉难精神以教育后来人；又有人说这故事是用西方古典悲剧阐释命运，老人犯了出海太远的错误，而这是鱼拽着船走，不是他自觉要这么做的，所以是命运的悲剧；还有人说这是写作家的生存境况，老人是作家，他捕的大鱼是他的杰作，老人同大鱼亲如兄弟，象征作家与作品不可分割的亲密关系，而鲨鱼呢，当然是海明威所痛恨的批评家，再好的杰作也会毁在批评家手里。

《老人与海》于1952年5月6日在《生活》杂志首次发表，受到读者热烈欢迎。这一期杂志竟在48小时内售出500万份，海明威拿到4万美元稿酬。使海明威兴奋的不光是小说销路好、收益多，而且是天天电话不断，认识的，不认识的，人人都来祝贺他的成功，有的还感动得哭了。批评家们也个个热情赞扬，说这部小说"极有意义，温暖人心"，是"技巧高超的杰作"，表现了"人类对命运奇迹般的搏斗"。小说发表后三个星期内，海明威每天要收到80至90封读者来信。

在这些来信中，海明威最看重

侨居海外的艺术史家伯纳德·贝瑞孙的贺信。海明威回信表示感谢，他告诉贝瑞孙，批评界对于《老人与海》象征什么的探索，他不以为然。他说"没有什么象征主义。海就是海，老人就是老人，孩子就是孩子，鱼就是鱼，鲨鱼就是鲨鱼，不好也不坏。人家说的象征主义全是胡扯"。他还请求贝瑞孙老人"为这本书写二三句或一句话，供斯克利布纳公司使用"。贝瑞孙为《老人与海》写了这么几句话：

《老人与海》是一首田园乐曲，大海就是大海，不是拜伦式的，不是麦尔维尔式的，好比出自荷马的手笔，行文像荷马史诗一样平静，令人佩服。真正的艺术家既不象征化，也不寓言化——海明威是一位真正的艺术家——但是任何一部真正的艺术作品都散发出象征和寓言的意味。这一部短小但并不渺小的杰作也是如此。

海明威读了这几句话非常高兴，他认为，关于象征主义的问题已经说得清清楚楚，好像吸进了一股新鲜空气。他马上把它交给出版公司，作为《老人与海》的介绍词。

《老人与海》是海明威生前发表的最后一篇小说。此后，他忙于游历，想写些虚构性的作品，但因为健康原因，始终未能如愿。

# 大难不死

**1954** 年1月下旬，海明威和妻子玛丽作为《展望》杂志记者，飞往非洲报道肯尼亚吉库尤部落反抗白人的所谓"恐怖活动"。他们乘坐的是一架小型单引擎塞斯纳飞机。途中，海明威心血来潮，想要观赏著名的默奇森大瀑布，驾驶员只好听命低飞。震耳欲聋的大瀑布越来越近了，可是好大一群朱鹭挡住了去路。驾驶员往下一个俯冲栽了下去。飞机坠毁了，玛丽被摔出舱外，海明威头部受伤。

失事的当天晚上，野兽在营帐外吼叫，海明威学着这些野兽叫来作为回报。

黎明的曙光刚一露脸，海明威、玛丽和飞机驾

※默奇森大瀑布

驶员这三位遇险的幸存者便开始上路，四处寻找通往尼罗河的途径。

就在这时，英国海外航空公司的一个飞机驾驶员在默奇森瀑布附近的一片丛林里发现了飞机的残骸。

没有迹象表明还有幸存者，也没有空地可供飞机降落，他无法调查事故的情况。

驾驶员通过无线电向最近的联络站报告了失事飞机的牌照号码。没过多久，结果出来了。对方告诉他，那是海明威租用的飞机。

所有的晨报都发表消息说，在非洲的一个丛林里发现了海明威乘坐的那架飞机的残骸。海明威怕是凶多吉少。

其实他们不知道，这时，海明威一行三人已经找到了尼罗河，搭上了满载旅客的汽船，免费到了阿伯特湖畔的布提亚巴。

海明威又租了一架比赛用的轻型飞机，带着妻子和驾驶员前往乌干达的首都恩德培。

飞机凌空而起，晴空万里无云。

刚飞出片刻，飞机竟一头栽到一个西沙尔麻种植园里，顿时轰然爆炸，引燃了一片干燥的麻株。整个种植场成了一片火海。熊熊大火与滚滚浓烟即将吞噬海明威与他的爱妻。看来这一次海明威难逃死神的魔爪。

世界各大报纸都以头版头条的位置报道了海明威遇难的消息：

海明威座机在非洲上空失事；

海明威及其夫人遇难；

海明威失踪；

海明威机毁人亡；

死于午后；

丧钟为作家而鸣。

正当电传打字机和无线电讯不停地发出海明威遇难的噩耗，各大报纸忙着草拟头版讣告时，海明威、玛丽和驾驶员罗伊·马希竟从飞机残骸和熊熊烈火中爬了出来。

玛丽伤得不轻，几乎不能动弹。她的肋骨断了，刺进腰部。海明威却像个没事人一样在着火的田块间冲来冲去，和当地的农民一起扑火。这个勇敢的巨人果然和当地的农民控制住了火势。

海明威开始了艰苦的跋涉。现在没有了飞机，也没有了汽车，最近的医院在185英里以外的恩德培，他们只好步行去那里。与他同行的当然还有玛丽和飞机驾驶员。

医院的主治医生为他检查了全身。

几小时后，海明威从沉睡中醒来。

他一睁开眼就问玛丽怎样了。

"我在这里。"

"可是你有伤啊，你是受了伤的。"

"我没事，你倒是应该躺下，你伤得可不轻呢，全身都是伤。快躺下休息吧。"

"不过，玛丽……你真的没事？"

"是的，的确没事。我虽然断了两根肋骨，但是现在在外面已经裹上松紧适中的纱布，一点也不痛了。叫人担忧的是你的伤。来吧，把这个大冰袋放到额头上，你会感到凉飕飕得挺舒服，这冰袋搁在你的头上还特别好看。"

"光镇冰袋管屁用，得来点朗姆酒才行。"

他伸开手脚躺在病床上，被不计其数的记者和摄影记者围了个水泄不通。

就在这时，他看到用25种文字发表的他的讣告。

自己读到自己的讣告，这场面委实有些滑稽。有的讣告读来甚至令他震惊。

海明威连续两次死里逃生，这可能也是瑞典文学院把诺贝尔文学奖颁给他的因素之一。

当然重要的还是他的《老人与海》。就像瑞典科学院常务秘书宣布的：

"勇气是海明威的中心主题……是使人敢于经受考验的支柱。勇气能使人坚强起来，敢于迎战而又缺乏勇气看来是严酷的现实，要敢于喝退大难临头时的死神。"

他在《老人与海》里歌颂了这种勇气。

海明威的健康状况不允许他亲自前往斯德哥尔摩接受古斯塔夫·阿道夫国王颁奖，只好委托美国驻瑞典大使约翰·卡伯特代表作家本人和他的国家出席庆典，并代表他在斯德哥尔摩市政厅内举行的传统宴会上朗读他从古巴寄去的答谢词。

两次飞机失事之后，有位医生对他说：

"你第一次坠机时本该立即丧命的，可是你没有死，所以又发生了第二次坠机，加上火烧，你又一次本该丧命，但是你大难不死，活了下来。可见以后只要你安分守己，你就再也死不了啦。"

这位刚刚获得诺贝尔文学奖的作家听后不以为然。他说：

"其实，有朝一日我会变成一具够你瞧的尸体。我不会再活五年以上，我得抓紧时间。"

不幸的是，海明威的这几句话真的应验了。

## 六十大寿

自从古巴革命以来，虽然卡斯特罗领导的政权对海明威是尊重的，没有去干扰过他，但古巴日益高涨的反美情绪让海明威觉得不便久住。他很想在美国西部过去常打猎的地方选择一个僻静的去处定居下来。他选中了爱达荷州的凯彻姆。凯彻姆是一个小镇，居民不到一千，位于索图斯山麓，离滑雪胜地太阳谷只有一英里的路。那个地方交通不便，从芝加哥出发，一天只有一班火车，到了车站还要走90英里路，只有旅游季节才有班车，出租车也稀少。也正因为交通不便，那地方才保留下西部的原始风貌：只有一条大街，两个街区；人行道都是用木板铺成的；多数房屋是木制平房；没有银行，但是酒吧可以兑换现金；邮局是红砖房子，木格子做的窗户，还是南北战争时期的建筑风格。

1958年10月初，海明威夫妇来到这里，先租了一栋木头房子住下。海明威受到老朋友们的热烈欢迎。朋友们帮他找到一栋两层的小楼，小楼建在山坡上，从北向南望出去都是帐篷似的山峦，东窗外面是比格伍德河的支流，清澈见底，两旁是高高的杨树。1959年海明威用五万美元买下这幢家具齐全的楼房和周围的17公顷土地。

转眼到7月21日，海明威60岁寿辰。玛丽为他过生日准备了很长时间。她从伦敦订了中国菜肴，

※海明威写作的地方

从法国订了香槟酒，主菜是蛋糕和冰淇淋。宴会在比尔的康秀拉庄园举行，玛丽在园林里点上日本灯笼，请了乐队和舞蹈队、歌唱家、厨师和侍者，另有专管放烟火的行家。

生日前一天，客人们陆续从各地赶来，拉纳姆将军从华盛顿赶来，阿德丽亚娜的哥哥和嫂子开着海明威新买的兰夏轿车到达，还有不少欧洲的贵族以及美国大使。来自马德里的各行各业知名人士中光安东尼奥就带了30个朋友前来祝贺。比尔的庄园里只能住25人，玛丽在附近的一家宾馆包租了两层才把客人们全部安置好。

宴会从21日中午开始，到22日中午结束。布鲁斯大使致词，海明威跳舞，和客人们没完没了地干杯。阳台上乐队奏起狂欢节乐曲，客人们同舞蹈队一起跳舞。放烟火了，大家又热闹一番，但不慎有一束烟火蹿上树顶着了火，因怕危及房顶，大家都去救火，直到消防车开来把火扑灭。

宴会期间，拉纳姆将军拿出一部《第二十二步兵团战争史》送给海明威，海明威想起自己是二次大战的老战士，感动得流泪。他说这是他一生中最愉快的生日宴会。他激动地抱起玛丽，向她表示感谢。事后他对霍契纳说，这次生日宴会唯一的遗憾是"人数太少"。

10月份，海明威回到纽约。

## 知识链接

菲德尔·亚历杭德罗·卡斯特罗·鲁斯（1926年8月13日—    ），古巴前领导人，杰出的马克思主义者，享誉世界的无产阶级革命家、政治家、思想家、军事家，是当今国际共产主义运动中最德高望重的领导人。20世纪50年代，卡斯特罗领导古巴革命，推翻了巴蒂斯坦亲美独裁政权，成功地将古巴转变为社会主义国家。他和他的亲密战友切·格瓦拉一样，被世人视为传奇英雄。

# 哀乐为你而奏

**瞭**望山庄是海明威的安乐窝。

那里的庭园绿树成荫，凉风习习，盆花争艳，有如世外桃源。

那里养了许多懒猫懒狗，海明威喜欢它们。他虽然喜欢打猎，但是只杀狮子一类的野兽，对于猫猫狗狗，他向来都是呵护有加的。

他养这些懒猫懒狗，一半也是因为医生的建议。

一位著名的精神病学家建议说，高血压病人身边都应该养只猫，因为猫很温和，在明亮的阳光下睡觉还要用爪子捂住眼睛，醒来以后还要伸个懒腰，张开大嘴打个哈欠。观察猫的活动能使人得到休息。

这时他已患上严重的高血压症，离开瞭望山庄势在必行。海明威充满了惜别之情。

他们选中了爱达荷州。那里的气候凉爽宜人，野花缤纷，湖泊澄碧，溪流潺潺，无人捞捕的鱼儿在水中自由嬉戏。那里的麋鹿不时出没林间，大雁之类的候鸟迁徙时必然经过此地。

海明威和他的夫人带着他们的猫猫狗狗和一大堆书籍迁到了新居。在那里，他又开始了他艰苦卓绝的工作。"这种时候绝对没有人打扰我，天也凉快，有时很冷，但一开始工作，写着写着就

**知识链接**

高血压病指以动脉血压持续升高为主要表现的慢性疾病，通常简称为高血压。高血压分为原发性高血压（95%）和继发性高血压（《5%），是多种心、脑血管疾病的重要病因和危险因素，影响重要脏器如心、脑、肾的结构与功能，最终导致这些器官的功能衰竭，迄今仍是心血管疾病死亡的主要原因之一。

暖和起来。我先把前面写好的东西看一遍，然后再接着往下写，一直写到我仍然有东西要写的时候停下来。"

有人问他，他认为训练一个新作家最好的办法是什么。他回答说："比方说，如果年轻作家发现写出好作品是几乎不可能的大难事，那他就上吊吧。然后别人不管这些，把他解救下来。这样，至少他一开始就会有上吊的事情可写了。也许从此他将自强不息，克尽所能，努力写作。"

慢慢地，海明威已经意识到他不再像他所想象的那样健康了，他的病情越来越重。为了同病痛作斗争，同时也为了掩盖他对自己那不

中用的病体的憎恨，他大量饮酒。为此，他的嗜酒出现了许多传闻。

有人说，他喝酒喝得很多，但是在大多数人会烂醉如泥、口流垂涎、瘫倒在屋角昏睡时，他依然十分清醒。

他的嗜酒出了名，以至于摄影记者拍的大多数照片上，他要么正把酒杯举到嘴边，要么身边横七竖八躺了许多醉汉。其实这是为了让摄影记者高兴而安排的镜头。他们给他拍的照片上很少有他不喝酒的。

除此之外，他还有不少其他传闻。

如今他上了年纪，病情的严重外人难以揣摩。但是，只要精神好些，遇上好天气，他就会沿着大路散步，一路上挥动着手杖向过往车辆里的乘客打招呼。当他觉得真正有精神的时候，还会对着路旁的一个空罐子一脚踢去，借以证明他这个老少年生命力还强着呢。

他不再邀请三朋四友彻夜畅饮。

海明威意识到他的病情在日益加重，有如乌云压顶。他这时吃的药片比他写的短篇小说还要多，后来终于被迫到梅奥诊所去治病。在那里，美国最好的医生会诊后决定，他应该接受电休克疗法和精神

病护理。

最后几个月里，他变得十分暴躁，说话东拉西扯，语无伦次。

当他心情好时，你问他，他的精神病医生叫什么名字，他会笑着告诉你：

"克朗娜……史密斯·克朗娜。"

然而，海明威的病情还是越来越重了。

到爱达荷州凯彻姆他的家里来看望他的人都发现，他是那么疲惫无力，行动不稳，言语不清，有时病得几乎朝不保夕。

他颇不情愿地二次到梅奥诊所就诊。梅奥诊所在明尼苏达州的罗契斯特市。6月的炎夏酷热难当。这趟旅程不算很近，但他不得不作此行。失眠之夜变得十分可怕，不正常的高血压会引起胸部病变，而这种病变又会导致精神抑郁。此外，医生还诊断出他患有早期糖尿病，他自己也担心他的皮肤癌会扩散。

6月底，海明威和妻子从梅奥诊所回到家里。

不祥的预感以及一连串的检查和治疗折磨得他既疲惫又气馁。

细心的玛丽知道他疲惫不堪，也预料到旅途的劳顿及酷热，故意把归程化整为零，走走停停，五天才走完全程。

回到家里大家都松了口气，卸下行装，稍事休息，然后吃晚饭。

一切都显得融洽如常。

那天晚上，临解衣就寝时，玛丽突然想起一首意大利歌曲《人人夸我是金发女郎》。

她穿过厅堂，来到丈夫的卧室，对他说：

"我要送你一件礼物。"

紧接着她就唱起了这首歌。

当时海明威正在刷牙，他听着听着，漱了口，和着她唱了最后一句。

※ 老年海明威

玛丽做梦也没有想到，这是她与丈夫共度的最后一个晚上。

她吻别丈夫，回到自己的卧室。一路上的颠簸劳累和对丈夫的殷勤照顾使她上床不久便熟睡过去。她睡得那么香，那么甜，完全不知道即将发生的事情。

但是，海明威却辗转反侧，几乎不能入眠。往事如电影一般闪过脑际，稍一迷糊，可怕的梦魇又来折磨他。接着他又想到了他的病，想到了可怕的结局。他可不愿意躺在病床上任凭癌细胞吞噬，最后成为一具骨瘦如柴的尸体。

他还想了许多。

早晨七点左右，海明威穿着睡衣下了楼。

他决定不惊动妻子。

他拿出了他那支心爱的猎枪，把枪口塞进嘴里，然后扣动扳机。

枪声震撼了整个屋子，玛丽本能地跳下床飞奔下楼。

她停住脚步，顿时愣在那里，惊呆了。

海明威躺在血泊之中，他的头几乎没有了，只剩下一个嘴巴、一个下巴和小部分面颊。墙上和地上血肉模糊，还有碎骨片。残缺的躯体直往外汩汩冒血。

他曾经这样说过：

"在我看来，整个世界就像一个拳击场。每个人都在场内，你只有还击才能生存，所以我时刻准备着拿起拳击手套戴上就打。我当然一直参加拳击，我要打到生命的最后一天。那时我要跟自己打，目的是要把死亡当做一种美的事物来接受，这也是你每个星期天见到的那种悲壮美。"

现在，他的确是自己跟自己打，他用自己的双手结束了自己的生命。

玛丽叫来了警察和法医。她坚持说，是海明威弄枪走了火。是呀，既然他们夫妻俩感情甚笃，他为什么没有留下遗书？

消息不胫而走，一传十，十

## 知识链接

梦魇指在睡眠中被噩梦突然惊醒，对梦境中的恐怖事件记忆清晰，心中有很大恐惧。通常在夜间睡眠的后期发作，儿童在白天听恐怖故事或者看恐怖影片后也会发生。成人强烈刺激之下，如经历抢劫、强暴等灾难性事件后，经常发生噩梦和梦魇。睡眠姿势不舒服也能发生梦魇。某些药物如受体阻滞剂、镇静催眠剂等常引起梦魇，突然停用镇静安眠药物，也可诱发梦魇。

传百，没过多久，整幢房子挤满了人。

玛丽又给他们的老友，纽约的专栏作家伦纳德·莱昂斯去了电话，请他向世人宣布，海明威在拨弄他那支心爱的猎枪时不幸走火身亡。

伦纳德替玛丽向报界发了讣告，而玛丽本人则陷入了蜂拥而至的人潮包围之中。来找她的有地方官，有警察，有邻居，有朋友，有法医，有救护车司机，另外还有打出打进的电话，以及应付处理葬礼、电报、电视台、猫狗……弄得她不知所措。

这个坚强的女人终于支持不住了。

医生给她服了镇静剂。

玛丽在浑身麻木、眼前一片漆黑的情形下带着无限的悲痛熟睡过去。

巨星陨落。各大报纸均以头版头条报道了这一噩耗。海明威的逝世震惊了全世界。

唁电和唁函如雪片般飞到凯彻姆。

最先到达的唁电之一是贾利·古柏的遗孀打来的。上面写道：

"贾利生前最敬仰海明威，不，敬仰海明威胜于一切友人。我

深感悲痛，这是全国的损失。他是我国半个世纪来最伟大的艺术家，如今他和贾利都作了古。"

约翰·肯尼迪的悼词说：

"几乎没有哪个美国人比欧内斯特·海明威对美国人民的感情和态度产生过更大的影响。"

年逾八旬的老作家厄普顿·辛克莱说：

"我曾力图改变这个世界，他则是如实地描写自己看到的世界。"

数十名专栏作家，其中包括约瑟夫·阿尔索普、厄尔·威尔逊、伦纳德·莱昂斯、约翰·克罗斯贝等都对这位已故作家表达了敬意。

世界各地纷纷举行悼念仪式。有人把两头公牛送到斗牛场，表示对这位斗牛迷的纪念。凯彻姆的一年级小学生到教堂里点燃了蜡烛，为他的灵魂祈祷。

玛丽真是一位坚强的女性，忍住悲痛对付了在葬礼上应做的繁重事务，接待了前来参加葬礼的海明威家人。这是他们自1928年以来的第一次团聚。那一年，海明威的父亲也是这样结束生命的。

玛丽希望大家不要往墓地送鲜花和花圈，她希望怀念她丈夫和体会她的哀伤的人能把钱节省下来捐给慈善事业。

她把海明威最喜欢的一幅画捐给了凯彻姆小学。她相信，倘若海明威地下有知，也会同意她这么做的，因为那个学校的孩子经常路过他们家，都是海明威的小朋友。

海明威的墓地选在他生前喜爱的猎场上。入土安葬那天，骄阳似火，蔚蓝色的天边白云环绕。墓地上一片荒凉，好在四周的青山郁郁葱葱，充满勃勃生机。

只有几个亲友经过请求才得以进入墓地，看热闹的人全被赶开了。

这不是正式的天主葬礼，但是有一位神父赶来为他举行了最后的仪式。

海明威来自大地，如今他又回归大地。

知识链接

海明威小说《丧钟为谁而鸣》书名出自约翰·堂恩的诗集，原文为：没有人是一座孤岛/独自存在着/每个人都是大地的一部分/总体的一个分子/一块泥土被海水冲走/欧洲就会减小/或若一处岬角/一块你朋友或您自己的领地/任何人的死都使我受损/因我心系整个人类/而且，因此/永远　不要问丧钟为谁而鸣/它为你而鸣。

他的人生拳击赛终告结束，如今他该好好地休息了。

安息吧，海明威！

丧钟为你而鸣！

※海明威之墓